淡定學八字の
讓您人生逆轉勝

安容——著

序言

〈論命精準並非最主要目的，協助命主找到人生的主題和方向，才是真正對命主有所助益〉

在某個機緣，和有一面之緣的中年貴婦享用頂級下午茶。

當然，雍容華貴的貴婦，不單只是和我喝咖啡聊聊天，當我啜飲熱茶時，她已歇斯底里的訴說著辛酸，我雖微笑傾聽，但也細細地看著她的八字和紫微斗數星盤。

貴婦的先生纏綿病榻多年，近年病情移轉，除了原有的病痛折磨外還得定期洗腎，堅強的她細心照料先生，並一手包辦家中所有事，幸好夫家小有產業讓她不需為經濟煩惱，生活優渥的她忙碌之餘並保養得宜，樣貌比實際年齡年輕很多，但身心長期疲累之人，心情難免低落，而我也只能盡量的安慰她。

「這幾年，妳辛苦了。」照顧病人是件心力交瘁的事，所以幫她加加油打打氣，也是應該的。

「我豈止辛苦，簡直在守活寡！」暴躁的她低吼，顯然地，我溫暖的關懷，她完全沒領情。

「妳的付出，妳先生都明白，也很感激妳。他的病情若能好轉，我想，他也不願意拖累妳。」病痛之苦並非她先生所願，一個大男人何嘗不希望行動自如，健康的與家人幸福生活。

「他要折磨我到什麼時候？為什麼還不快走？」貴婦的情緒忽然激動，說出令人震驚之語。

「妳指的是……」傻眼的我怔怔望著怨念頗深的貴婦，一時之間被她脫口而出的真心話嚇住了。

「我的意思是指……我先生到底還要拖幾年，好讓我有個心理準備……」自知失言又失態的貴婦，連忙找台階下。

「很抱歉，預測這樣的……時間點，不在我的解盤範圍。」幫有緣人解盤不過是機緣，但並不代表我沒有原則。

「妳的功力不太好喔，我去某某命理師那邊算，他說我先生會在XXX年走掉！」倨傲的她表情有些不屑。

「既然妳知道妳先生哪一年走，何必再問？還是妳想印證我的說法，是不是相同？」除了無奈，我還是無奈。

「才不是這樣！」臉色驟變的貴婦矢口否認。

「每人早晚會遇到親人的生離死別，妳應該活在當下，珍惜全家相處的時光才對。」我淡淡的回答。

生亦還死，死亦還生。

天下無不散的宴席，人世間的聚與散本是倆相依，摯愛深愛的人，不管是壽元或緣份，走到盡頭自然會離開，即便傾盡所有想留也不留住，更何況對一個嫌棄之人，時間點未到，還是會在那個位置糾葛，與日俱增的怨念不過是讓對方更不想走罷了。

「我會另外包個大紅包給妳，妳就說嘛，還是妳不會算？」貴婦斜睨著我，眼底寫滿了懷疑。

「妳和一個身材高高的男士交往多久了？」我蓄意的答非所問，其實有點小故意說出她八字命盤的端倪，和腦中突然閃過的影像。

「妳……怎麼知道？」剎那，她神色倉皇面容僵硬，不為人知的秘密被人看穿。命帶紅豔煞之人，浪漫多情多慾少人知，十年大運走傷官，命盤帶有正官的她，無形中蘊含著傷官剋官的引力，再加上日柱地支顯現出命主偏好刺激性的情愛，況且我腦中閃過的某段影像，也完全與她目前上演的一段婚外情吻合。

「妳的男朋友比妳小很多歲，對嗎？」我直接跳過問題，問重點。

聞言，貴婦先是驚訝得杏眼圓睜，過了幾秒鐘才點點頭，接著眼眶泛紅，淚珠一點一滴的滑落臉龐。

「我……快崩潰了，很怕被先生和小孩知道……我交男朋友……」貴婦淚崩了，開始向我泣訴她與男友相識的過程，以及有名無實的婚姻狀況。

但，每人有每人的業與苦，我非當事人，只傾聽她華而不實的人生際遇，不評斷她婚外情的對錯與否，只能建議她選擇A方向和B方向的結果如何，至於如何抉擇靠她自己決定，因為她的人生是她自己在過。

數小時後，我這個「療癒系」的解盤人，直接推拒她所謂的大紅包和小紅包，只撕了紅包袋上的一方紅紙，算是結善緣。

因為，我不想在日後，貴婦和男友口角爭執揮拳相向，或故作姿態作勢自殺時，我的手機成了她的 113 婦幼保護網兼張老師解盤專線。而我也並非無同情心，畢竟每人都要對自己的生命負責，屢屢把「自殺」當成談判籌碼的行徑，對別人進行感情勒索和操控的行為，實在要不得！

至於，我為何意識到貴婦不為人知的秘密，其實說來話長……

〈人，一生的命運並非這一世才緣起〉

剛上小學的我，對許多陌生的人、事、物，常存有莫名的直覺反應、時空交錯的影像，夢中不時出現服裝相貌詭異之人，更是家常便飯。噩夢連連的我，天真的向家人敘述這些事，得到的答案永遠是：胡思亂想、胡說八道、電視看太多了！

而人的確是可被催眠的動物，年幼的我接受了這些說法，但心中對於這些奇奇怪怪的直覺影像，偶爾還是存有懷疑和好奇。

時光荏苒，人事變遷，生活中發生的種種莫名，令我異常敏感和痛苦，即便我花了許多錢，研讀許多書籍跑遍很多廟宇，依舊尋不到想知道的答案。

還記得十多年前有個克勤克儉的鄰居太太，常向我拿過時的舊衣修改穿著，懶得資源回收的我，也樂得有人接手舊衣。在我搬離老家的前一年，碰到這位芳鄰時，常覺得她周遭環繞著不祥，甚至直覺她命不久矣，但直覺歸直覺，這些毫無科學根據之言，我若好心啟口可能遭人誤會。直到搬遷到新居不到半年，這位儉樸的鄰人，在一次發高燒送往某大醫院就診時，醫生實施了不該動的氣切手術，於是她便在急診室中香消玉殞。

更甚，幾個親戚往生，他們往往不向至親托夢，卻入我夢中交代未了的遺願，擾得體弱的我，總得生病個好幾天無法工作。

再者，每每待在一個工作職場，若公司磁場紊亂，工作中的我便會乾嘔不已或頭暈目眩，看到公司某個陰暗處交疊著莫名影像時，也只能催眠自已因體弱疲累而眼花撩亂，總之汲取了幾年的負能量後，小病不斷或生一場莫名大病離職，之於我而言都屬正常。

對於這些令我敏感又痛苦的特殊狀況，家人從束手無策到見怪不怪，甚至覺得我是胡思亂想導致走火入魔，無言的我避免和家人唇槍舌劍，也無法面對同事、朋友們的詢問，只能選擇三緘其口有苦難言。久而久之，也練就獨來獨往的性格，心中許多苦悶只能獨自前往龍山寺，默默向大慈大悲的觀世音菩薩傾訴，每當我抬頭迎向菩薩慈悲的眸光時，悸動辛酸早已化成淚水，滴落兩頰，雖然心中迷霧未解，但至少心情會開朗些許。

直到前幾年，一位手足因股票融資周轉不靈而結束生命，接著不到半個月內，癌末的父親撒手人寰，接踵而來的事件頻來，而我也只能見招拆招，來不及痛的我，也深深的受傷了。接著，光怪陸離的事再度發生在我身上，自戕的親人居然在父親的喪禮「回來奔喪」，且是依附在我身上，父親莊嚴的喪禮，經由出於「盡孝奔喪」和「我」的奮力抵抗，鬧得整個告別式會場亂哄哄，而我雖「身不由己」說不出話來，卻清楚看見幾個親戚、家人的驚嚇害怕，畢竟負責操辦喪葬事宜的人員也很少看過如此陣仗，所以幾個親戚、家人避「我」如瘟疫，實在也不能責怪他們。幾經波折後，聞訊的好友終於火速開車前來，聯合另一位摯友合力將鬧到最高點的「我」架到某高人的住所，終於將「我」喚醒救出，脫離那無邊的陰鷙黑暗。

〈命運與修行，禍福相依〉

歷經這些光怪陸離之事後，莫名的驅使著我走向修行之路，也開始認真的學習八字命理及紫微斗數、易經卜卦，冥冥之中的指引，讓我明白學習這些命理工具，對於生命中的許多疑問，將會一一在命理哲學和修行路上找到答案。

而一般人，在學習命理課程往往跟著名師上課，當然我也不例外，但怪哉的是，無論我跟著任何老師上八字命理、紫微斗數或其他相關課程，往往是繳了學費上了泰半課程，領受到許多磁場後又開始生病，為了自救，我便轉為自修，遇到不懂的瓶頸即請教老師及先進同好，如此的學習，自己反而無病無災，並可舉一反三，且能說出盤面上他們看不到的問題，而對於這些命理工具的直覺和理解，之於我，也彷彿是將「以往」早已會的學問「取」回來而已。

但話說回來，學習命理課程，每人學習力不同，領受力也不同，寫書的初衷是希望藉由自己的學習過程和經驗，分享出簡單又直白的學習方法，協助對於命理有興趣的讀者進入到八字領域，讓讀者知道自己的人生劇本為何，並暫且先不管命格強弱，和接到的人生劇本好壞與否，先接受自己的命盤，愛上自己的命盤，把自己當成事業體在經營，慢慢了解到生命實在不需要太多的抗衡，透徹的了解自己、包容自己、投資自己，才是世上最穩賺不賠的生意。

〈謝謝老天給予的助緣和機緣〉

順利出版《淡定學八字の讓您人生逆轉勝》，要感謝紅螞蟻圖書有限公司的李總經理，也謝謝老天給予的助緣和機緣。

《淡定學八字の讓您人生逆轉勝》是一本教導讀者如何快速學習八字命理的工具書，也是我第一本用命理工具傳播善知識的命理書，但絕不是唯一的一本，將來有機緣也會引領讀者學習不同的命理工具，並從書中學習如何讓身、心、靈開心又開運。

這本命理工具書，另一個重要的宗旨，便是讓因生活轉折陷入茫然痛苦的讀者，先別被憂慮怨懟的情緒侵蝕自己的心緒，喪失自信心，了解換位思考和汲取正向能量的重要性，明白富有的人不一定自在，自在的人心靈必是知足富有，山窮水盡疑無路，盡柳暗花明又一村，生命各有生存之道，自會找到出口，蓄勢待發！

況且每人來到世間，接到的八字人生劇本不同，人生旅途的美麗與哀愁不過是冷暖自知，所以無須和人多做比較，因為舉凡是人都喜歡粉飾太平。出了門，光鮮亮麗衝鋒陷陣；進了門，問題和創傷依然存在！

因此，讓我們一起共同學習成長，透過學習八字命理，了解自己，讓溫暖與包容洗滌心房，回歸最初、最美的清淨心，安然自在、從從容容地面對人生，慢慢引領身、心、靈不再負累。

春有百花秋有月，夏有涼風冬有雪，若無閒事掛心頭，便是人間好時節！

開卷有益，祝福擁有此書的有緣人，吉祥又如意，幸福在心田！

安容

目錄

第一勝

第二勝

第三勝

第四勝

第九勝

第十勝

旗開得勝

八卦相傳是伏羲所造

八卦源於中國

第一勝

福報好運心田造

「昔日齷齪不足誇，今朝放蕩思無涯。春風得意馬蹄疾，一日看盡長安花。」

唐朝詩人孟郊，早年時運不濟生活困苦潦倒，多次考取功名落第，但他勤奮耕讀堅守志向，皇天終究不負苦心人，在孟郊五十歲時終於考取進士，春風得意的他便寫下這首雋永的「登科後」，一掃多年的陰霾，意寓春風得意的他躍馬飛馳的將長安花看盡，輕狂暢快之懷盡悉數在文字中。

想想，人生不也如此？

每天，我們都在庸碌紛擾的人生路上奔馳，起起伏伏的人生路，有人春風滿面志得意滿，有的人卻愁色常在眉歡容不上面。

這些表面現象都不打緊，因為人生充滿許多的「因為……所以……」，即便是高官顯要億萬富豪，或是平凡不過的小老百姓，最深層的內心，總有些許惱人的心事和際遇不便向外人道。但夜深人靜時，捫心自問，自己何曾了解過自己？自己又真正理解過誰了？

但不管任何緣由，在汲汲營營的人生中，每人都需要被理解，或者說需要被溫暖來包容。

但是，親愛的您要明白，時間的河，從不曾因任何人的不被理解而停止往前流動，當不平的思緒和思考模式，持續在埋怨或糾結的焦點，創造出來的人生情境，就是一連串的不公平和怨恨所組成，譜出的生命樂章，也不可能出現健康、如意、幸福、成功的快樂音符。

生命是珍貴無比且不平凡的，也無法用金錢衡量。

每人心中藏有一畝田，可以用它來種理想，收成幸福果實；心中蘊藏的這一畝田，也可以用來遊戲人間，當然，收成的果實大都也是黃粱一夢罷了。內心的這一方田要如何栽植培育，都是個人的自由和想法，重點是想要如何收穫，就先得那麼栽！

先不論人的命格及運勢如何，即便遇到了挫折困頓，一定要先對自己有信心，常常激勵自己，隨時為自己加油，因為，老天爺不會無緣無故將您的一扇門關閉，而不打開另一扇門，讓您沒有生存和呼吸的空間。

人生難免會遇到挫敗，但心中過度充斥怨懟不滿，整個人容易陷入消沉負面情緒，對生命和事情的看法只有偏頗。反之，若不願意被挫折打敗，就請往好的方向正面思考，行到水窮處坐看雲起時，生命自然會順勢轉彎，事情終會出現好的轉機，屆時，挫折困頓也不會隨意來敲門。

思想是種子，種什麼因得什麼果，絕對依循大自然收成法則，否則人們不會帶著累世福德業報及習性，來到世間再活一場、演一場。

或許有人會不平的吶喊，誰想知道累世如何？這一世命好、運好、過得幸福成功比較重要，這句話說得一點也沒錯，也說出了關鍵。

每人的身家背景不同，人生立基點當然也不同，無論您是金字塔頂端的超級富豪，或是M型社會最底層的小小螺絲釘，亦或現在的狀況是富有、貧困、幸福美滿、鰥寡孤獨，老天爺對待人們再也公平不過了，因為老天爺賜予每個人二十四小時的時間，讓大家公平的運用，不斷的學習，好好的過生活，而意志堅定的人遇到考驗，總有勇氣面對尋找方法解決，意志薄弱的人就選擇畏縮及無所適從的逃避。

一個人了解自己的性格和命運，也想積極改變現況，那麼他便會走向坦途，離成功幸福的距離越來越近，努力一段時間就能迎頭趕上或並駕齊驅。一個人若不透徹明白自己的性格和命運，更不願積極改變自己，喜歡和悲慘憂傷孤寂做朋友，那麼他走的道路必定迂迴曲折，成功幸福的距離只有越來越遙遠，甚至背道而馳，永遠沒交集。

命格是與生俱來，但思想是種子，福報好運是自己栽自己造，種什麼因，自然結什麼果，每人豐收的果子，真的不相同，命格好壞當然也抵擋不住大自然的收成法則！

聰明的您，是否該選擇透徹了解自己的性格和命運，積極面對人生呢？

當您想改變現況積極行動時，老天爺自然會照顧護佑，而透過學習八字命理，是最直截了當的途徑！

自我的學習成長，並非要當命理大師，命理師這行飯不是人人都吃得起，學習八字命理，也不是學來算計別人，或為了業績大張命理旗鼓，每逢客戶便說上了幾句，若說得正確，並對他人有正面幫助，功德無量。但說錯或錯說，別人因您一句話產生負面思想，或不正確的行為做法，功德簿上的加分或扣分，教老天爺該如何添上？

因此，學習八字命理是幫助自己探索自我，透徹認識人生運勢，讓自己的人生逆轉勝！

學習的過程中，可能會有很多潛在問題，以及不為人知的內心世界，會一一浮現，有人或許就是會心一笑，有人也許會暗自苦惱，這些狀況都不要緊，不管得與失，只要針對問題所在，面對、接受、解決、放下，別跟以前的「自己」過不去，要與當下的「自己」做正面溝通調整，寧可辛苦一段時間，也不要辛苦一輩子，依循正面開朗向上的法則，展開新的人生。

八字命格，每人專屬的人生劇本

人生如戲，戲如人生，大家都是劇中人，即便時光荏苒，每人的身分角色，因歲月流轉而變幻無窮。從襁褓孩兒，轉眼成為孜孜不倦的學生；之後，進入都市叢林株式會社，士、農、工、商各頂一片天；接著，男大當婚女大當嫁，延續血脈傳承生命，和配偶伴侶一起攜手到老，直到生命的盡頭。

不管生命過程如何演變，人生旅途中，「您」就是「您」，獨一無二的男女主角。

但人生演變過程，確實人人不大同！

有人事業成功富甲一方；有人打拼一輩子，仍是一窮二白的無殼蝸牛；這還不是最糟的，有人家道中落四壁蕭然，一生貧病交迫；有人長命百歲卻貧困度日；有人大富大貴，最後卻慘遭橫禍不得善終；有人愛情得意家庭幸福美滿，有人在愛情國度中，總是陰溝裡翻船……無論何種人生境遇，總有些不足的缺憾。

事實上，人生無法十全十美，而人生最難演的角色，無非就是自己！命由業造，福由心造，每人出生時，人生劇本早已被量身訂做，帶著一張出生命書，來到世間報到，航向自己的專屬軌道，向您不同的階段角色慢慢啟程。

當一個人從母體分離，呱呱墜地的剎那，也刻劃了先天命運，而出生當下的農曆太歲年（天干、地支）、月（天干、地支）、日（天干、地支）、時（天干、地支），就是您落土時的關鍵字，也就是所謂的四柱八字。

奧妙簡單的短短八個關鍵字，造就了人的先天命格，並可推斷將來運勢，而出生八字命格的好壞，不是現在出生的「您」所能改變，但命由業造，福由心造，人人稱羨的命好，大抵是指家境優越，各方面受盡老天爺眷顧，但別忘了常言道：三分天註定，七分靠打拼！

倘若，與生俱來的命格沒有所謂的大富大貴，出生時的命盤也拿不到一手好牌，不代表日後不會勝券在握，因為風水輪流轉，興衰榮枯各有時。

手握好牌或一手壞牌，都不妨礙人生價值以及成功與否，人生價值和成功取決點不在於那一副好牌，關鍵是如何扮演好自己人生舞台的角色。

十年一運，好壞照輪，人要未雨綢繆，明白何時是運勢低潮，謹慎認真將一手的壞牌打好，才能在好運來臨，開創日新又新、朝氣蓬勃的人生局面。

而無從得知生辰八字的人，也不必氣餒，做人何不瀟洒一點看開些，天干五行十二地支任您遨遊，充實自己努力認真過生活，營造屬於自己的幸福，您同樣也擁有苟日新，日日新，又日新的成功人生呀！

學習四柱八字，是知命運命，並非宿命迷信，而是了解自我，邁向幸福人生。

您就是您，獨一無二的您，千萬別小看自己妄自菲薄，您的貴人是自己，就讓珍貴無比的自己，賞識提攜自己，幫助自己成長，創造成功幸福的局面！

了解自己人生劇本，知己知彼趨吉避凶

許多社交場合中，拉近陌生距離的安全話題就是聊聊西洋星座，西洋星座固然有其準確性，也可分析此星座的性格、健康、工作、感情等事項，但同一星座的人何其多，出生日期和時辰也不同，除非如同星座專家精進研習，否則運勢和各方面的判斷大多是概論。

而要了解自身每階段的個性、健康、事業、婚姻、子息及運勢走向，古代祖師爺們發明的八字命盤邏輯運算，精準度實在不可小覷。

西洋星座都能在全世界製造話題，遑論在無奇不有的21世紀，誰能肯定的說老祖宗發明的八字命理哲學，不會在全世界發揚光大!?

21世紀，是屬於東方人的世紀，就讓我們一起來幫助自己，認識八字命理，趨吉避凶，掌握未來運勢吧！

排出息息相關的八字，掌握未來運勢

學習八字命理的新手，不用絞盡腦汁學習古老的排盤方式，只要會上網，網路上有幾個不錯的命理網站，比如星僑中國五術網，有一個免費八字論命網址；另外 Destiny Net 命理網也可造福大家，讓大家快速知道自己四柱八字，您也可以自行在智慧型手機下載相關八字命理軟體。

這些資訊，若還不能滿足大家對八字命理的求知慾，也可購買一些八字命理電腦軟體，自行安裝後再列印八字命盤。

倘若，這些排盤輔助工具都準備好了，那麼請您將正確的農曆出生年、月、日、時辰（正確的國曆生日及時辰也可）打入程式，便不費吹灰之力，迅速知道自己的人生劇本。

歲運六親表徵，好記好學

不得不佩服古代命理學家的智慧，年柱、月柱、日柱、時柱，以及各柱之天干地支組合，便是一個人的八字命盤，奧秘的排列組合命盤，加上易經的邏輯運算，便能推論一個人現在的命運和未來運勢。

四柱八字，可以透析個人的外在個性、潛在性格和內心世界、成長環境、祖德家業、求學考運、親友助力、事業財富、婚姻、子息、老年運勢健康，不同歲運不同的階段，每柱代表的涵義更是深遠。

一個人從襁褓、牙牙學語、求學、成長，到進入社會工作、結婚、生兒育女，宛如大自然中花草樹木的成長過程。

年柱：（1-16 歲運）花草樹木之根，若沒穩如泰山，就無法培育生命力旺盛的幼苗。

月柱：（17-32 歲運）根基已穩，生命力強的幼苗破土而出，幼苗遇見了陽光、空氣、水，得到溫潤滋養，便能欣欣向榮生長。

日柱：（33-48 歲運）新苗經過了滋養，開枝散葉伸展成大樹，枝葉茂盛的大樹，聚集大自然的養分，便會開出美麗的花朵。

時柱：（49-64 以後歲運）妍麗綻放的花兒，努力終會得到結果，粒粒飽滿的甜美果實，是辛苦的代價。

四柱八字就是如此神奇奧妙和寫實，映照每人一生的興衰榮辱，以下的簡易表格，可以讓大家清楚明白，四柱八字如何的寫實，映照人的一生。

時柱	日柱	月柱	年柱	四柱
49-64 大限	33-48	17-32	1-16	歲運
家庭事業 子女 同事員工 人際關係	本人 外在性格	（可看父親） 兄弟 姊妹 朋友同事	祖先 父親 長官長輩 上流人士	天干 探知
家庭事業 子女 同事員工 人際關係	配偶 創業	（可看母親） 內在 個人特質	祖先 母親 長官長輩 上流人士	地支 探知
果	花	苗	根	比喻

八字命盤名詞基本認識

準備好了嗎？現在，就以這張虛擬命盤，一起共同學習！假設，陳先生是民國50年農曆1月19日下午4點出生，陳先生命盤如下：

<table>
<tr><th colspan="11">八字命盤
農曆 50 年 1 月 19 日 16 時出生
（國曆 50/3/5 申時）</th></tr>
<tr><td colspan="3">時柱</td><td>日柱</td><td colspan="3">月柱</td><td colspan="3">年柱</td><td>四柱</td></tr>
<tr><td colspan="3">傷官</td><td>命主（日主）</td><td colspan="3">正財</td><td colspan="3">偏財</td><td>主星</td></tr>
<tr><td colspan="3">戊</td><td>丁</td><td colspan="3">庚</td><td colspan="3">辛</td><td>天干</td></tr>
<tr><td colspan="3">申</td><td>酉</td><td colspan="3">寅</td><td colspan="3">丑</td><td>地支</td></tr>
<tr><td>戊</td><td>壬</td><td>庚</td><td>辛</td><td>戊</td><td>丙</td><td>甲</td><td>辛</td><td>癸</td><td>己</td><td>藏干</td></tr>
<tr><td>傷官</td><td>正官</td><td>正財</td><td>偏財</td><td>傷官</td><td>劫財</td><td>正印</td><td>偏財</td><td>七殺</td><td>食神</td><td>副星</td></tr>
</table>

對初學者而言，有些基本名詞還很陌生，所以先來和這些名詞熟悉一下吧！

1、**年柱**：民國50年歲次為辛丑，「辛」為年柱天干，「丑」為年柱地支。

2、**月柱**：此太歲年農曆1月為庚寅，「庚」為月柱天干，「寅」為月柱地支。

3、**日柱**：稱命主或日主，此農曆19日為丁酉，「丁」為日柱天干，「酉」為日柱地支。

4、**時柱**：下午四點出生為申時，「戊」為時柱天干，「申」為時柱地支。

5、**四柱**：出生的年柱、月柱、日柱、時柱稱為四柱。

6、**八字**：四柱中的辛丑、庚寅、丁酉、戊申這八個字，簡稱為八字，也是人生重要的八個關鍵字。

7、**本命元神**：八字的中心，稱命主或日主，也代表一個人本質個性，此盤命主為丁火，所以陳先生的本質為丁火性格。

8、**陰陽**：乾為天，坤為地，乾陽坤陰，男陽女陰，日陽月陰。

9、**五行**：木、火、土、金、水為五行，分為相生之道，相剋之道。

相生：木生火，火生土，土生金，金生水，水生木

相剋：木剋土，土剋水，水剋火，火剋金，金剋木

10、**五行所屬**：東方青色甲乙木，南方赤色丙丁火，中央黃色戊己土，西方白色庚辛金，北方黑色壬癸水。

11、**天干**：五行所屬的十天干為甲、乙、丙、丁、戊、己、庚、辛、壬、癸。

陽天干：甲 丙 戊 庚 壬

陰天干：乙 丁 己 辛 癸

12、**地支**：子、丑、寅、卯、辰、巳、午、未、申、酉、戌、亥為十二個地支。

陽地支：子 寅 辰 午 申 戌

陰地支：丑 卯 巳 未 酉 亥

13、**主星**：主星為命盤主人性格及運勢，推論命主的外在行為，好比建築物的外觀及穩定結構，因此推算健康、事業、感情、財運、學業、子息相當準確。而不管是主星或副星，共有十個神，稱為十神。

14、**副星**：副星為命盤主人不易令人探知的潛在個性和運勢，宛如屋內裝潢及風格設計，副星也可詮釋命主的內心世界。

15、**藏干**：推算副星十神的天干。

16、**十神**：推算運勢、性情、興趣、職業、六親的運籌帷幄共有十個神，而在其年月日時各柱代表涵義也不同，十神分別為正官、偏官（七殺）、正印、偏印（P）、正財、偏財、傷官、食神、比肩、劫財。

〈十天干對應關係〉

十天干	甲	乙	丙	丁	戊	己	庚	辛	壬	癸
陰陽分別	陽	陰	陽	陰	陽	陰	陽	陰	陽	陰
五行所屬	木	木	火	火	土	土	金	金	水	水
五行方位	東	東	南	南	中央	中央	西	西	北	北
五行顏色	青、淡綠	青、淡綠	紅、紫	紅、紫	黃、棕	黃、棕	白、銀	白、銀	黑、深藍	黑、深藍
季節	春	春	夏	夏	藏於四季末		秋	秋	冬	冬
臟腑關係	膽	肝	小腸三焦	心、心包	胃	脾	大腸	肺	膀胱	腎
蘊涵能量	向外伸展及企圖心		向上力量及熱忱心		四方凝聚力及自信		向內力量及收斂		向下力量及多元化	
數	3	4	5	6	7	8	9	0	1	2

三焦解釋如下：

上焦：橫膈以上、胸部到頭部、臉部、上肢，包括其內臟腑。

中焦：橫膈以下、胸部到肚臍以上，包括其內臟腑。

下焦：肚臍以下到腹底部，包括其內臟腑。

〈十二地支對應關係〉

十二地支	寅	卯	辰	巳	午	未	申	酉	戌	亥	子	丑
陰陽分別	陽	陰	陽	陰	陽	陰	陽	陰	陽	陰	陽	陰
五行所屬	木	木	土	火	火	土	金	金	土	水	水	土
太歲生肖	虎	兔	龍	蛇	馬	羊	猴	雞	狗	豬	鼠	牛
農曆月份	1	2	3	4	5	6	7	8	9	10	11	12
時辰範圍	03-05	05-07	07-09	09-11	11-13	13-15	15-17	17-19	19-21	21-23	23-01	01-03
臟腑關係	肺	大腸	胃	脾	心	小腸	膀胱	腎	心包	三焦	膽	肝
四季	孟春	仲春	季春	孟夏	仲夏	季夏	孟秋	仲秋	季秋	孟冬	仲冬	季冬
節	立春	驚蟄	清明	立夏	芒種	小暑	立秋	白露	寒露	立冬	大雪	小寒
氣	雨水	春分	穀雨	小滿	夏至	大暑	處暑	秋分	霜降	小雪	冬至	大寒

子時分為早子時和晚子時，晚子時 23-24 點，早子時 24-01 點 ★

逆轉勝小秘方★

「天行健，君子以自強不息！」

這句勵志語出自周易乾卦的象辭，意在告訴大家，宇宙萬物在動靜消長變化中，都有其恆常運行不息的規律和道理，而人們應該效法積極向上精神，奮戰不懈，開創人生新局。

生於清末亂世，赫赫有名的紅頂商人胡雪巖，原是一窮二白的孤兒，少年時就離開故鄉到外地錢莊，做學徒闖天下。

由於胡雪巖天資聰穎，又肯吃苦耐勞，很快的便得到錢莊老闆的賞識重用。

交遊廣闊投資眼光獨到，一向是胡雪巖的特質，因此在他遇到窮困潦倒的候補浙江鹽大使王有齡，一眼便瞧出王永齡將來非池中之物，見識過人的胡雪巖，於是鋌而走險大膽的贊助王有齡。

日後，如胡雪巖所料，王有齡的仕途步步高升，任職杭州知府，有情有義的王有齡，對於胡雪巖的出資捐助甚為感激，於是在王有齡的襄助和權勢聲威下，離開錢莊獨自創業的胡雪巖，趁勢抓住機會，以卓越的商業智慧，經營錢莊、當舖、軍火、房產等多項生意，締造了宏圖霸業，成為清末商界叱吒風雲的傳奇人物。

時勢造英雄，現今社會和胡雪巖所處的時代背景雖無法相提並論，但光是他許多成功的要素就值得大家學習。

凡事親力親為的胡雪巖，白手起家並嚴格訓練自己，吃苦耐勞、獨到見識、謀略氣魄、八面玲瓏、唯才適用、把握良機，都是他成功的魅力特質，而胡雪巖的成功除了這些要素之外，最重要的是擁有不容摧毀的強大自信心！

自信，不是自我感覺良好，而是在生活中日漸磨練，為了設定的目標，孜孜不倦勇猛精進，全力以赴永不懈怠的精神！

觀今宜鑒古，無古不成今，重點是學習其優點，內化成信念，轉念可以改變很多事，自信心更是人生的內在支撐。

天行健，君子以自強不息，願您我共勉之！

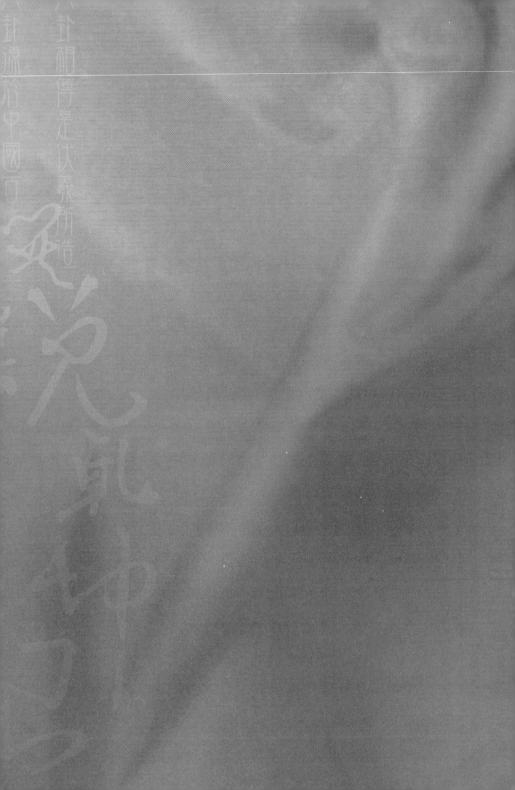

八卦相傳是伏羲所造

八卦源於中國古

第二勝

慎終追遠，祖德流芳

四柱八字中的年柱，意謂每人 1 到 16 歲的歲運，也象徵著每人生命的根基，宛如花草樹木之根，因為沒有堅若磐石的根基，花草樹木就無法培育生氣盎然的幼苗。

假設，家中新添了一個新成員，剛好是民國 102 年出生，而農曆民國 102 年的歲次為癸巳，因此小寶貝的八字命盤，年柱天干地支就是癸巳。

年柱，既是每人的根基，關係著祖德流芳，自己與父母、長輩上司相處，以及家道興衰，也教導後代子孫不忘祖恩，代代傳承，光耀門楣。

而這些傳承對應，也印證了年柱天干地支與每人的微妙關係。

傳說，至聖先師孔子，他的外祖母顏氏，為女兒挑選婚配時，只打聽對方祖先是否有積德，而不管對方背景貧窮或富貴，顏氏認為只要祖上行善積德，後代子孫必有出人頭地的機會，因此顏氏將女兒許配給孔子的父親。果真，孔氏家族，出了至聖先師孔子這位出類拔萃的後人。

先不論這故事真假與否，但故事的確切寓意是教導人們，賢達君子福可得，積善之家有餘慶。

所以，慎終追遠源遠流長，積德行善祖德流芳，親愛的您，認為這些要素重不重要？

百善孝為先，積善之家有餘慶

闡揚孝道的故事中，有個不錯的傳說與大家分享。

古時，有戶楊姓人家，娶了名年幼的童養媳劉蘭姐，乖巧的劉蘭姐年紀雖小，對公婆及楊家祖奶奶卻非常孝順，因此楊家人也很疼愛年幼的童養媳。

但劉蘭姐的婆婆侍奉自家婆婆，也就是對楊家祖奶奶態度乖張粗暴，甚至大逆不道辱罵楊家祖奶奶為「老不死」。

某天夜裡，劉蘭姐到婆婆房前長跪不起，任何人的勸阻她都不為所動。婆婆訝異追問原因，劉蘭姐卻皺著眉擔憂說道：媳婦擔心婆婆忤逆祖奶奶，萬一媳婦將婆婆的行為當成榜樣，日後婆婆年紀大了，媳婦也視婆婆為累贅，到時候婆婆不知會多傷心？

聞言，婆婆汗顏不已，明白媳婦長跪在房前，為的是規勸她豎立孝行典範，給兒孫做榜樣。

於是，楊家婆婆痛改前非，而劉蘭姐一如往昔，侍公婆至孝，並為夫家開枝散葉，楊家也以孝道傳家聞名鄉里，後代並有賢人傳承。

積善之家有餘慶，無論祖先們留給後代子孫是什麼，當下的您也許是快樂幸福，抑或跌落運勢谷底，都別忘了百善孝為先，慎終追遠，時時刻刻感恩惜福。

前人種樹後人乘涼，此刻大家都在同一時空下生活著，享受老天爺給予的大自然資源，而只要懂得自己命運及如何的掌運，願意改變自己，好好孝順父母長輩，廣結善緣行善積德，積善之家必有餘慶！

而如何了解自己命運，聰明的掌命運命，首先就從這張虛擬的簡易命盤入門著手：

簡易八字命盤 農曆 64 年 2 月 7 日 22 時生 （國曆 64/3/19 亥時）				
四柱	年柱	月柱	日柱	時柱
主星	劫財	正財	命主（日主）	劫財
天干	乙	己	甲	乙
地支	卯	卯	子	亥

此張虛擬的簡易八字命盤，農曆民國64年出生，歲次乙卯，年柱天干為乙，乙天干數為4。若農曆70年次出生者，歲次辛酉，年柱天干為辛，辛天干數為0，由此得知，出生年次尾數和十天干序數關係如下：

〈出生歲次尾數和十天干序數〉

年柱天干	生年尾數/天干數	民國出生歲次
甲	3	民國 23、33、43、53、63、73、83、93、103、113、123…年出生之人
乙	4	民國 24、34、44、54、64、74、84、94、104、114、124…年出生之人
丙	5	民國 25、35、45、55、65、75、85、95、105、115、125…年出生之人
丁	6	民國 26、36、46、56、66、76、86、96、106、116、126…年出生之人
戊	7	民國 27、37、47、57、67、77、87、97、107、117、127…年出生之人
己	8	民國 28、38、48、58、68、78、88、98、108、118、128…年出生之人
庚	9	民國 29、39、49、59、69、79、89、99、109、119、129…年出生之人
辛	0	民國 20、30、40、50、60、70、80、90、100、110、120…年出生之人
壬	1	民國 21、31、41、51、61、71、81、91、101、111、121…年出生之人
癸	2	民國 22、32、42、52、62、72、82、92、102、112、122…年出生之人

立春交節氣，跨歲次出生者，以排出的八字命盤為依據 ★

整體運勢與調整

了解了出生歲次，年柱十天干的對應關係，接著來看出生歲次的整體運勢，如果性格脾氣，出現了需要調整的小瑕疵，那麼就請您努力改變，糾正缺失。

年柱天干為甲，生年尾數3的人生特質

1. 努力以赴，考運升等無往不利。
2. 堅決果斷，衝勁十足，善交際及開創力。
3. 切記深思熟慮，處事謀定而後動。
4. 驛馬之特質，奔波勞碌。
5. 五湖四海皆朋友。

調整

一分耕耘一分收穫，全力以赴才有超凡成就。生命中的男人，父親、兒子、丈夫、男友、兄弟相處，不免有疏離感或些許遺憾，盡力以溫暖的親情去包容化解，畢竟家庭和睦才是人生最快樂、最幸福的事！

年柱天干為乙，生年尾數4的人生特質

1. 知書達禮，思緒口才聰穎敏銳。
2. 俠義之心，路見不平當仁不讓。
3. 博學多聞，注重形象，面子比裡子重要。
4. 易受貴人提拔，名聲不錯。
5. 情緒多變。

調整

主觀作風，熱心過頭，會引來不必要的嫉妒猜忌，焦慮只是掩飾內心不安，與人相處客觀點開朗些，凡事退一步想，海闊天空。生命是美好的，儘管人生風景不是每一程都美麗，但總有它的意義和風情存在。

年柱天干為丙，生年尾數5的人生特質

1.大而化之，享受悠閒，生性溫和，享樂主義。

2.不愛具有競爭壓力的人、事、物。

3.具領導能力，強勢主觀，不易被動搖。

4.內涵思維周密，具文藝氣息。

5.外緣好，愛鑽牛角尖，我執。

調整

愛，給予人溫暖；恨，令人痛得揪心；冷漠，促使人們學習獨立自主。所以，傷身傷心的鑽牛角尖，不過是虧本的生意，明瞭捨得及放下的真諦，快樂幸福才會來敲門。外緣佳，桃花多，需提防意外的官非和糾紛。

年柱天干為丁，生年尾數6的人生特質

1. 活潑人緣佳，女命，受異性青睞，心思易操勞。
2. 福星高照，天性愛享受，自我勉勵促進開創與積極精神。
3. 貴人提攜。
4. 條理分明，思維理念獨到。
5. 心思不定，難以捉摸，口舌是非伴著無心而來。

調整

積極開創，夢想成真，遠瞻獨到並非人人擁有，緩下思緒溝通協調，發揮所長創造，一股作氣必有超凡佳績。是是非非揮之不去，不過是徒增自己困擾，淡定以對，與人為善，沉默是金，口舌是非自會遠離。

年柱天干為戊，生年尾數7的人生特質

1. 聰明智慧，執念過多應適可而止。
2. 生命中的女性，掌握大權的機會大。
3. 勞碌不得清閒，也容易患得患失。
4. 貴人多，升遷得力。
5. 聰慧天賦，文采學識過人，名利雙收。

調整

患得患失，耗損心志，只要堅定意志，勇往直前不屈不饒，勝利在望。失敗挫折本是兵家常事，要淡然處之。人生如同運動競賽，不斷的訓練學習，才能交出漂亮的成績單。

年柱天干為己，生年尾數8的人生特質

1. 善於投資及經營生意。
2. 實力派戰將，鎖定目標，大多成就不凡。
3. 常有長輩提攜關愛。
4. 遠大理想，但不宜合夥擔保。
5. 多才多藝，能言善道，完美主義。

調整

專家和天才，往往是將別人玩樂的時間，專注在工作和努力學習上，因此以專業技能為基石，堅定自信當好友，謹言慎行作良伴，幸福成功就不遠了。而外來的嘲弄攻擊，拋到遠遠的九霄雲外，修口之德，慢慢能化解是是非非。

年柱天干為庚，生年尾數9的人生特質

1. 超人氣，魅力佳，交友廣闊，是朋友求助的對象。
2. 驛馬重，為大眾奔波忙碌。
3. 主觀較強，事業心重，容易忽略親人和家庭。
4. 善理財，形象好，容易聲名遠播。
5. 穩固心緒，提高抗壓性，成功伴隨而來。

調整

適當拒絕別人，並不會矮人一截。無所不知無所不能，上知天文下知地理，中通人事的英雄主角，往往是在武俠小說中，現實生活裡，虛榮驕傲終成幻影。人生最大光榮，不在於失敗與否，而在於鼓起勇氣，屢仆屢起。

年柱天干為辛，生年尾數0的人生特質

1. 能言善道，說服力強。
2. 主動積極，事業有成。
3. 文采過人，感情細膩，為情為愛惱春風。
4. 表現優異，恐有鋒芒畢露，造成別人壓力的疑慮。
5. 與人作保背書，只會徒增自己的困擾麻煩。

調整

人生道路，蜿蜒漫長，注意合約擔保法律條文，消弭糾葛紛爭，謙和讓人三分，天寬地闊。自古才子多風流，卻忘了多情總是多餘恨。而愛情學分說難也不難，永遠離不開愛恨情仇的反覆橋段，最後只剩再也回不去了的愁悵。

年柱天干為壬，生年尾數1的人生特質

1.有才華的領導格局。
2.熱心隨和，貴人多，功名垂得。
3.老大作風，朋友眾多，喜歡照顧人，不求回饋。
4.喜歡投資理財，主觀我執。
5.錢財是最好的朋友。

調整

慎選理財投資標的，免得財來財去一場空，與人糾紛大部分和金錢有關係，因此即便親兄弟也要明算帳，最好的方法就是君子之交，勿牽涉到金錢事項。富有二字其實是個人心理感受，最富有的人，是知足惜福感恩的人，和金錢毫無關聯。

年柱天干為癸，生年尾數2的人生特質

1. 開疆闢土，創造一番格局，善於衝鋒陷陣，廣闢財源。
2. 聰穎智慧，貴人運強，才華洋溢備受肯定欣賞，但是非也多。
3. 說服力強，但心性多疑。
4. 生活經驗豐富，桃花重且多情。
5. 大方體貼，設想周到，卻易令人誤解以權威壓人或不耐煩。

調整

善於衝鋒陷陣，堅持力應放在對的目標，若常流連忘返在聲色場所，小心提防爛桃花臨門，或受損友牽連而受害。而愛人、被愛、不愛這些人生橋段，不斷的持續在交換著，但反觀愛情其實和人生路雷同，選擇或不選擇，都是一場華麗的冒險！

逆轉勝小秘方★

《紅樓夢》中賈璉之妻王熙鳳，號稱鳳辣子的王熙鳳精明能幹，口才及反應能力之好。

仗著榮國府賈母的寵愛，性格毒辣手腕一流的王熙鳳，高居賈府管家寶座，極盡權術暗暗累積財富，諂上欺下，機關算盡的她手段殘忍狠毒。

王熙鳳雖不殺伯仁，卻設局報復，大鬧榮國府阻撓賈璉娶偏房尤二姐，藉由他人之手讓尤二姐吞金而死，太過精明幹練的王熙鳳令人生厭，天資過人機關算盡的下場，最後不得善終。

人從誕生那一刻起，便在錯誤和進步中學習成長。做人要聰明，也可以精明，但切莫過頭，凡事留點空間給別人，得饒人處且饒人。自古成大事者，多數是大智若愚內斂謙虛，讓人抓不住一丁點把柄，任誰也奈何不了他。

但做人也不能太過單純，畢竟現實社會中，充斥很多的晦暗和詐騙手法，以及違背倫理道德的罪惡醜行。所以，在社會上立足，要懂得保護自己，免得被他人欺負，落得狼狽下場。

人生際遇總有高低起伏，成功時，不必炫耀財富趾高氣昂，感恩惜福行善積德，福慧雙修的人生，只會更加分。

落魄時，也不必怨聲載道怨天尤人，要心平氣和隨遇而安，廣結善緣自律守正，生命自會順勢而為找到新出口，當困頓不如意減少了，也就是命運跟著自己的轉變而改變了。

努力認真，不忘在忙碌生活中，讓自己學習向上，生命會更美麗！

八卦相得是伏羲所造

八卦源於中國古

第二勝

自然規律，五行奧妙

無極是太極之初，太極是天地萬物之元，可生兩儀，即一陰一陽，動靜變化消長的運作下，兩儀生四象，四象生八卦，之後衍生八八六十四卦，一直延續出無限事物。

由此得知，無極妙有是宇宙混沌之初，無極生太極，太極生兩儀，也就是太極的陰與陽，爾後衍生天、地、人三才，陰中有陽，陽中有陰，消長變化之後慢慢產生萬物，在千變萬化中得到和諧圓融。

四柱八字基本概念，不外乎從五行陰陽變化調和，消長進退演繹出來，而金木水火土之五行，構成了萬物滋生的基礎，五行之間蘊含著相生相剋的密切關係。

而「相生」代表著教養、滋長、幫助、促進的意義，「相剋」也代表著管制、約束、牽制、排斥、督促之意。

好比水可滋養木，木可使火燃燒，火的高溫和氣化可塑造土，土石之中可挖掘提煉成金，金的潮解可使金生麗水。

反過來，樹木森林剋得了土，有了樹木的保護，不會發生土石流現象，火的高溫可溶化金的硬度，土石流沙可吸收水的氾濫，金的強韌硬度可拆解分裂樹木，水的冷卻作用可抑制火的燃燒，奧妙的牽制生合，產生了種種密不可分的自然規律，相生相剋之道。

相生之道：木生火，火生土，土生金，金生水，水生木。

相剋之道：木剋土，土剋水，水剋火，火剋金，金剋木。

徹底明白這些道理，綜觀人生過程不也是如此，沒有絕對的好與壞，不是嗎？

了解自我，預約幸福

有首動聽的流行歌曲「還是要幸福」，這首不嗔不怨的分手情歌，是很多單身女性朋友K歌時必點的歌曲。

大家都想擁有幸福，但什麼樣的意境是幸福呢？是否擁有財富、健康、事業、愛情、婚姻、家庭，才算幸福？

幸福其實是一種說不出的甜蜜感覺，每人各有不同的意境。

幸福是人人所要追求，那麼就從自己先著手，了解自己的內在和性格特質，放在適合與對的地方，發揮才華長處，並在對的時間遇上對的人，獲得幸福的機會也比較穩當些。

因此，所有迷失和錯誤，就從現在開始結束，過去已成回憶，別浪費您人生寶貴的篇幅，好好了解自己，透過學習八字命理，大家一起預約幸福！

假設八字命盤日主天為丁之人，個性就徐如燭火，溫馨又富有愛心。八字日主天干為丙火，外在個性如太陽之火，愛與恨濃烈到無以復加，而以下八字命盤可以得到印證：

簡易八字命盤

時柱	日柱	月柱	年柱	四柱
偏財	命主（日主）	正財	偏財	主星
庚	丙	辛	庚	天干
寅	午	巳	戌	地支

日主丙火，本質熱情如火積極熱忱，有群眾魅力交遊廣闊，為人慷慨大方不計較，喜歡照顧弱小，好權、好勢、好名、好色是天性，脾氣衝，但來得快去得也快。

現實生活中，日主丙火，身家背景不錯，交遊廣闊的A先生，自行創業，代理東南亞的居家用品，業務量穩定成長。

慷慨大方個性積極的A先生，已有美滿幸福的家庭，美中不足的是事業有成又有魅力的A先生，婚前婚後桃花不斷，A先生的太太傷透腦筋，夫妻二人常為A先生的桃花緋聞爭吵不休。

事業有成、有名聲威望的男人，本是許多女人夢寐以求的對象，日主地支是桃花午火，年柱時柱天干都是偏財，異性緣當然旺到不行，而女人倒追A先生是家常便飯，加上A先生常「忘了」是已婚身分，也不太想拒絕外面的桃花，因此桃花舞春風，也見怪不怪嘍！

日主天干看外在個性

時	日	月	年
★	癸	★	★
★	★	★	★

假設命盤中的日主天干為癸，水主智慧，水分壬水和癸水，尤以癸水更為最慧黠機靈，善於應變。癸水屬於小支流，可以沿著川溪小河流至大海，可想而知，癸水忍功耐心了得，交遊廣闊人緣好，認真經營工作事業必能成功。相對的，人緣好的癸水，因為歷經滄桑所以感情脆弱略帶神經質，看似人緣一級棒的癸水，心中有一把尺，未必將每個朋友當成知心好友，想要成為癸水的好朋友，一定要有特定的魅力特質，或者說神經不要太大條，要不然投入太多感情，可能也少不了失望喔！

而由命盤案例印證，經由日主天干，也就是農曆出生當日的天干，可以了解自我，並判斷他人外在個性特質，以下日主天干之五行和優缺點分析，提供大家參考印證。

甲木

本質：日主甲木之人，本質仁慈純樸，像一棵枝葉茂盛的大樹，庇蔭需要遮陽避雨的人們，只要陽光、空氣、水充足，善良單純的甲木，就會不斷的向上茁壯伸展繁衍，開枝散葉，在天地之間屹立不搖，除了被砍伐，甲木大樹才會倒下。

個性：大而化之，熱心腳踏實地，企圖心強兼具領導格，照顧提攜後輩，喜愛自由自在不受束縛，因心眼不多，別人若以眼淚攻勢常招架不住，常被利用為人所騙。

調整：謙卑柔軟包容妥協，主觀態度適時變通才是王道。

乙木

本質：日主乙木之人，本質溫和柔弱，謙卑的乙木如同藤蔓類植物，生命力強的乙木喜歡依附在支柱旁，只要有支撐力和一點水，便會順勢而為蓄勢待發。

個性：心思細密善謀略，韌性強適應力佳，行事彈性不愛強出頭，腳踏實地順沿而上，幕後策劃迎合他人，最佳參謀表帥，不喜明爭卻因表現良好，引來妒意而暗鬥，也容易鑽牛角尖。

調整：正面思考有定見，訓練獨立自主，設定目標發展必有佳績。

丙火

本質：日主丙火之人，本質如太陽般的熱情如火，照耀大地光芒萬丈，到哪都散發無比魅力，曲終人散時卻備感孤獨。

個性：積極熱忱照顧弱小是本性，交遊廣闊慷慨不計較，天生的公眾人物，**不拘**

小節是朋友的最佳聽眾，好權、好勢、好名、好色是天性，脾氣來得快去得也快，經不起嘲諷刺激。

調整：滿招損，謙受益，中庸為明哲保身之道。

丁火

本質：日主丁火之人，本質像燭火、手電筒，燃燒自己照耀別人，豐沛情感不善表達，宛若一盞明燈默默照耀。

個性：知書達禮敬老尊賢，關懷晚輩和弱小尤其是女人，熱心公益資質聰穎，具有天生直覺的第六感，洞悉人性，不愛是非，卻易樹敵而捲入是非。

調整：適度拒絕別人，學習沈澱及果斷的決策力。

戊土

本質：日主戊土之人，本質如大地之土，宛若鋼硬無比的燥土，內蘊豐富礦產資源，納天下四方，重承諾，包容心較大。個性：穩重正直包容力強，喜歡照顧別人，固執性急，為人重信用喜歡他人的讚美，心腸柔軟默默耕耘，即使有志難伸，卻不願改變原則作風，更別提妥協低頭。

個性：穩重正直包容力強，善於照顧別人，固執性急，為人重信用喜歡他人的讚美，心腸柔軟默默耕耘，即使有志難伸，卻不願改變原則作風，更別提妥協低頭。

調整：靈活通融，忘卻自我，積極主動，偶爾浪漫一下下。

己土

本質：日主己土之人，本質如濕泥粘土，因其性為溼粘，可塑性比戊土強，但附屬在大地戊土上，凸顯不出特點，甚少受人注目，故愛抱怨缺乏安全感。

個性：心地善良，外表溫和內心叛逆，具多種才能，嫉妒猜疑心強，與人為善重信用，理解力佳學習快，雙重個性難以捉摸，寬容好說話，但固執起來寧願將錯就錯，也不願意改變。

調整：集中注意力，堅決果斷，毫不猶豫，有彈性不固執。

庚金

本質：日主庚金之人，本質如同大斧、電鑽之類的金屬物，作風直來直往，行事親力親為，不怕困難強權，大斧一揮，死傷無數，往往得罪人卻毫不自知。

個性：貴氣十足氣魄佳，重義氣是非恩怨分明，作風強勢好爭鬥，性格果斷直截了當，樹敵眾多，吃軟不吃硬，不服輸。

調整：能屈能伸，處事圓融能變通，過分義氣只會害了自己。

辛金

本質：日主辛金之人，本質為小型金屬工具、飾金，特質雖不像庚金大斧直截了當，其性就如同扁鑽、小型金屬工具，威力雖不及庚金，但一針見血的殺傷力不可小覷。

個性：氣質好貴氣有餘，口才伶俐，有獨特見解想法，勤奮剛毅，內斂耐力佳，條理分明，直覺敏銳犀利，金錢和生命同等比重，有錢也煩，沒錢更煩，生性愛拐彎抹角。佔有慾強，不小心踩到辛金的地雷，辛金便會發揮流利口才，極盡嘲諷，辛辣程度令人難以招架。

調整：合理近情，不偏不倚，折衷調和，凡事不奢求。

壬水

本質：日主壬水之人，本質為大海、山川大洋，大海其性廣闊有容乃大，能納百川細流，生命力強，包容接納力也佳，但波濤洶湧滔滔不絕的海水，可載舟亦能覆舟，倒灌的海水也可能無情淹沒鄉鎮村落，多元及狂狷特質，威力無窮。

個性：才華洋溢，崇尚自然，好強不服輸，坦白理性善交際，膽大富企圖心，走運時事業成功機會大，野心大虧錢也虧得快，人緣好異性緣佳，多猜疑情緒容易激動。

調整：多情卻似總無情，圓融收斂，貫徹始終，堅持再堅持。

癸水

本質：日主癸水之人，本質為小溪流、小河川，泉水、彎曲的小溪，踏實的隨著蜿蜒地形，遍佈四方歸於大海，其心不免脆弱滄桑，略帶神經質。

個性：機智善巧，反應能力一流，因滴水能穿石，故善於等待和忍耐，企劃執行力強，經營人脈及事業一把罩，重視原則，但自己未必有原則，聰慧資質佳，異性緣不錯。

調整：樂觀開朗，正面思考，捨得捨得，有捨才會有得。

十天干 vs. 戲劇代表人物

甲木的戲劇代表人物：張無忌（倚天屠龍記）

倚天屠龍記的張無忌，典型的甲木性格，善良隨和，不愛記仇，俠義為懷，心眼不多，領導明教，走上反元之路後，選擇和心愛的情人趙敏不問世事，歸隱山林。

甲木的善良單純在張無忌身上顯而易見，年幼的他親眼目睹父母被人所害自盡身亡，幸好他福大命大，雖然中了藥石罔效的寒毒，最後否極泰來，學到了九陽神功，別人如何加害，從不怨聲載道，甲木心腸軟不記恨的特質，讓他未曾存有報復之心，惡女周芷若的種種辜負和欺騙，全不放在心上。

仁慈又具領導能力的甲木，總是展開茂盛繁複的枝葉，庇蔭需要遮陽避雨的人們，而張無忌就是如此的寬厚，挺身而出接下滅絕師太狠毒的致命三掌，及時阻止六大門派對明教的大屠殺，武功蓋世的他，領導明教走上顛覆元人復興漢室大業，之後選擇從敵人變成戀人的趙敏歸隱，不再過問江湖事。

乙木的戲劇代表人物：黃蓉（射鵰英雄傳）

射鵰英雄傳的黃蓉，屬於心思細密善於謀略、機智聰明韌性強、參謀策劃能力好的乙木性格，看似溫和柔弱、謙卑的藤蔓類乙木，生命力強度是不容小覷。

離開桃花島，古靈精怪的黃蓉假扮小乞兒，意外得到了大木頭郭靖的溫暖呵護，如同找到生命支撐力的黃蓉，對郭靖自然芳心悸動一見傾心。

韌性堅強的乙木，找到了攀緣的支撐點，便會慢慢蓄勢待發，因此俏皮黃蓉一點一滴滲入郭靖的生活，順勢主導她和郭靖的戀曲，讓不解風情的大木頭陷入情網，一點也不足為奇。

機智過人的女中諸葛黃蓉，多次和郭靖出生入死應付強敵，重情重義又不懂變通的郭靖，身旁若沒慧黠的小乙木黃蓉謀略策劃，恐怕對付不了詭計多端的楊康，及解決重重難關。

不愛受人管教束縛，卻願意為人作嫁的乙木特質，也讓俏皮黃蓉和郭靖遊山玩水時，巧遇武學奇人，成就郭靖學得厲害的武學招數，躋身武林高手，並當上丐幫幫主。

丙火的戲劇代表人物：韋小寶（鹿鼎記）

鹿鼎記的韋小寶，是個沒念書的市井小民，自小便和母親住在妓院麗春院，愛聽說書，也喜歡當說書的他，卻有走到哪兒，就能散發熱力成為聚焦的丙火特質。在妓院長大的韋小寶，由於環境使然，讓他少了禮法制約，造就油嘴滑舌膽大妄為的天性。

丙火擁有公眾人物的熱忱，交遊廣闊，慷慨不拘小節，讓進了皇宮的韋小寶，從假太監搖身一變成為皇帝眼前的大紅人。韋小寶機智過人，在朝廷和反清復明組織中游刃有餘，貪污不忘兼顧義氣，也讓朋友從中撈了不少財富。勇於表現，不善於收斂的丙火個性，居然也讓韋小寶誤打誤撞飛黃騰達，步步高升到鹿鼎公。

好權、好名、好利、好色的韋小寶，也將丙火魅力無比的特質，發揮到淋漓盡致，把妹招數也不是蓋的，一連娶了七個美嬌娘，其中一位還是康熙皇帝寵愛的妹妹，嬌悍的建寧公主呢！

丁火的戲劇代表人物：段譽（天龍八部）

天龍八部的段譽，出身大理皇室，自小受到良好教育的他篤信佛法，仁慈善良，擁有丁火特質，知書達禮敬老尊賢，關懷晚輩，尤其是女人，不善表達的他感情豐沛，不愛是非，卻常捲入是非中。

不愛打打殺殺的段譽，闖蕩江湖時，總施以輕功凌波微步來脫險，溫文儒雅生性善良，有著丁火的溫暖心腸，無論木婉清如何整治讓他出糗，這位大理皇子依然淡定，毫不在意。

誠實重義，謙遜溫和，專情專注的丁火如同段譽，不諳武功的他，總在渾然不覺中汲取高人內力，練就渾厚無比的內功，後來與喬峰、虛竹義結金蘭，擺脫懦弱性格，三人擊退一流的武林高手稱霸武林，癡心不濫情的他，最終也贏得美人歸，和王語嫣結為連理。

戊土的戲劇代表人物：喬峰（天龍八部）

天龍八部的喬峰，粗獷豪邁，慈悲善良，恩怨分明，但功大於過的喬峰終究被誤解，無疑是外剛內柔的戊土型人物。

信守承諾，堅持到底，心思縝密，善於照顧他人，默默耕耘，固執己見的戊土性格，在喬峰身上特別明顯。

喜歡結交朋友、照顧朋友的喬峰，與虛竹、段譽、耶律洪基、完顏阿骨打義結金蘭，小阿朱的出現，令這位大英雄得到愛情的喜悅，但小阿朱卻做了件最傻的事，假扮父親段正淳密會喬峰，殘忍的讓喬峰親手打死最愛的心上人，帶給他無盡的悲苦。

喬峰追查身世得知自己是契丹人，其實內心極為震撼，但命運捉弄造化弄人，很多江湖人士對他的不諒解，逼得喬峰大開殺戒，重情重義的他為了信守君臣之情，自戕而結束悲愴的一生。他的堅持己見不懂轉圜，固執不自覺，也正是戊土矛盾的優缺點。

己土的戲劇代表人物：陳家洛（書劍恩仇錄）

書劍恩仇錄的陳家洛，擁有許多己土特質，心地善良，才華洋溢，外表溫和內心略帶猜忌，重信用好溝通，理解力包容性強，但缺乏安全感，主觀意識強烈。

身世複雜、文武雙全的陳家洛，肩負反清復明的大業，當他發現乾隆皇帝居然是自己的親手足時，親情的糾葛令他矛盾不已且信念動搖；尤其是兄弟倆同時喜歡香香公主，己土的消極妥協迫使陳家洛選擇放棄愛情，讓香香公主隨乾隆皇帝，進入紫禁城那座華麗的牢籠。

陳家洛武藝高強，但內心有著己土的複雜矛盾，消極妥協逃避現實，最後落得愛情、事業兩頭空，與紅花會眾人不問江湖事，到回疆隱退。

庚金的戲劇代表人物：郭靖（射鵰英雄傳）

射鵰英雄傳的郭靖，無疑是氣魄佳、講義氣、是非恩怨分明、作風直來直往、行事親力親為、道德觀強、不怕困難強權、不愛迂迴心機的庚金人物。

郭靖性格耿直不耍心機，為人作風一步一腳印，結拜兄弟楊康對他如何的不仁不義，西毒歐陽鋒屢屢謀害，郭靖對他們還是適時伸出援手，並沒取他們的性命。

邂逅俏皮黃蓉是郭靖的人生轉捩點，多次和黃蓉出生入死的他，巧遇武學奇人並學到卓越武功，隨著蒙古大軍西征時，黃蓉暗地襄助，讓郭靖憑著庚金不服輸的毅力，成為優質的軍事人才。

剛直的庚金和靈巧的乙木，簡直是絕佳的鴛鴦之合，郭靖雖在第二次華山論劍和東邪北丐打成平手，但也躋身武林高手。

從小在蒙古部落長大，深受蒙古人恩惠的漢人郭靖，有著庚金恩怨分明的因子，果斷的他選擇效忠朝廷，並與鐵木真決裂，用生命和熱血鎮守襄陽城，庚金的有情有義，也令他見鐵木真最後一面時，並陪伴燈枯油盡的鐵木真打獵射鵰。

辛金的戲劇代表人物：趙敏（倚天屠龍記）

倚天屠龍記的趙敏，是上乘的辛金狠角色，蒙古貴族出身的她，對事情有獨特見解，敏銳犀利內斂，條理分明智勇雙全，趙敏不僅是戰略高手，敢愛敢恨的辛金潛藏因子，在愛情戰場上，威力也是不可小覷。

佔有慾強的趙敏，別於漢人女子，追求所愛一點也不忸怩，辛金的特質讓她眼光犀利，勇往直前，果敢堅決，對張無忌刻意欲擒故縱，還逼張無忌答應她做三件事：一是借屠龍刀一看，二是不可和情敵周芷若成親，三是一生為她畫黛眉，共享畫眉之樂！

嬌媚無限的趙敏，以著辛金蘊含的拐彎抹角，編織一張激情之網，教張無忌不陷入她的情網，不和她共度白首也難！

壬水的戲劇代表人物：楊過（神鵰俠侶）

神鵰俠侶的楊過，具有壬水性格，宛若大海有納百川的包容力，滔滔不絕的本質可載舟也可覆舟，多元及狂狷特質，讓好強不服輸的他亦正亦邪，斷臂之後與神鵰相遇，否極泰來，學習獨孤求敗的絕學和精神，成為少年英雄，並在十六年後和心愛的小龍女重逢，有情人終成眷屬。

壬水之人，生命力極強，好強不服輸，自小孤苦無依的楊過，在桃花島被嬌嬌女郭芙等人欺負，到了全真教又飽受欺凌，後來拜師小龍女古墓派門下，自然對他照顧有加的小龍女有所傾慕，即便遇到許多紅粉知己，他依然專情，始終如一。

可納百川細流的壬水性格，交際廣闊，四海之內皆朋友，包容力強的楊過聰明機智反應靈敏，因此結交了許多高人，東邪黃藥師此等高人也和他成為莫逆，但壬水激動的本質，讓楊過桀驁不馴狂狷不羈，發揮起來可是會毀天滅地，幸好被郭芙砍斷手臂的他，化悲憤為力量，後來成為神鵰大俠，並和妻子小龍女，相隔十六年，歡喜團圓。

癸水的戲劇代表人物：令狐沖（笑傲江湖）

笑傲江湖的令狐沖，歷經滄桑風霜，癸水的內心澎湃機變善巧，讓令狐沖屢屢脫險，感情纖細又念舊的癸水性格，也令他對暗戀的岳靈珊及師父岳不群懷念有加。

而逼於絕路後突圍，置之死地而後生，也是令狐沖的人生寫照！

多次險象環生，令狐沖早已將生死擺兩旁，人緣好的癸水特質讓他豁達瀟灑，五湖四海皆為他友，無論亦正亦邪、亦敵亦友，令狐沖都可以和他們成為朋友。

率性胸襟，不執著的個性，反而激發令狐沖的多元性，忍功一流的癸水基因，即使被囚在西湖底，令狐沖居然也學會吸星大法，更在不知不覺中也學會了少林派內功秘笈易筋經。

癸水的重感情和脆弱，在令狐沖的感情世界中窺知一二，雖然他和任盈盈的感情越來越深，在小師妹岳靈珊死後，還是會偷偷想念，有情有義的他，最後還是選擇和任盈盈隱退，笑傲江湖不怨不悔。

月柱地支看內在特質

子、丑、寅、卯、辰、巳、午、未、申、酉、戌、亥是十二地支、十二月令、十二生肖，也代表一天中的十二時辰。

月柱地支，也就是農曆出生月令，月令地支，也可推論一個人的內在特質和個性，以下命盤可實證：

簡易八字命盤				
四柱	年柱	月柱	日柱	時柱
主星	傷官	正財	命主（日主）	偏官
天干	癸	乙	庚	丙
地支	卯	卯	★	子

＊尊重B小姐意願，日柱地支不公布以★代替＊

月令地支為卯之人，聰明善良，防衛性強，桃花多，第六感很強，愛乾淨有潔癖，文文靜靜，眼光高，但很懂得偽裝掩飾。再加上日主天干庚金之故，整體看起來很貴氣，做事積極果斷，能言善道，作風強勢，出手慷慨大方，不愛欠人人情。

現實生活中，月支卯月的B小姐，原是酒國名花，目前從事傳銷工作，外貌漂亮貴氣十足，一身行頭都是名牌，出入更是名車代步，離婚的B小姐並未再婚，單身的她，人脈極佳，業績也是公司中的佼佼者。

什麼都不缺的B小姐，有些遺憾沒有丈夫和小孩，強烈想再婚的她，談起戀愛屢屢受挫。

B小姐愛上的男人，通常別人也愛，而男人雖愛她，卻更愛她的財富，作風強悍言詞犀利的B小姐，對男友闊綽大方，但男友不忠是她最無法忍受的事，對於劈腿男，有精神潔癖的她，通常選擇分手一途，矛盾的B小姐，卻往往思念總在分手後，幽幽的找友人泣訴傷心難過。

地支為雙卯和子之人，本就人緣好桃花多，保護色極強，內心矛盾複雜，個性剛烈，只接受成功，不容許失敗在身上發生。卯月生的人，不管男女，愛情是他們生活中的重要元素，但相愛容易相處難，加上庚金強悍犀利，傷官的好勝逞強，偏官的剛倔偏激，B小姐的前段婚姻和戀愛生活，大演全武行和貌合神離也是必然。

此命盤案例印證，經由月柱地支，也就是農曆出生月令地支，可以了解自我和判斷他人內在特性，以下月令地支天之五行和優缺點分析，提供大家參考印證。

子月（農曆11月）生肖鼠，陽水

內在：機靈無比，聰明絕頂，雙重個性，精打細算，因太會計量，下決定也常舉棋不定，導致因小失大，錯失良機。

特質：靈活的夜行鼠，常碰到危險，必須開啟防護機制，不讓外人攻佔心房，聰明與機警是本質，捉摸不定是保護色，愛上機靈的夜行鼠，必須練就金剛不壞之身，以不變應萬變，因為左右為難猶豫不決，真的非他所願。

時辰：23-01 點

丑月（農曆12月）生肖牛，陰土（水土雙重性格）

內在：腳踏實地，一步一腳印，埋頭苦幹，固執堅持，做人做事無比認真，不愛變動。

特質：善良的敦厚牛，愛以自我為中心，本位意識強，卻有比別人更堅持的學習力，賣力好學，卻愛鑽牛角尖，發起牛脾氣時，碎碎唸功力不差，即便兼具偵探特質和追根究底精神，也是天性使然，絕非故意的唷！

時辰：01-03 點

寅月（農曆1月）生肖虎，陽木

內在：愛好自由，不喜拘束，掌控力強，單兵作業本領佳，勞碌命不得閒，好強不認輸，愛當老大領導別人。

特質：森林之王的老虎，肉食動物，喜愛美食，更愛別人臣服於他，具責任感有領導能力，實力堅強，執行力往往無法貫徹始終，佔有慾強，但因行動敏捷快速，很難商量，溝通不良自是必然。

時辰：03-05點

卯月（農曆2月）生肖兔，陰木

內在：愛漂亮，氣質好，品味高，完美主義，聰慧人緣好，桃花多，第六感直覺敏銳度強，防衛性更強。

特質：敏感機警的小兔，心地善良，愛乾淨有潔癖，喜歡在窩中移動很多東西，心軟的小兔，人緣超好，職場上獲得異性幫助稀鬆平常，辦公室中唱起戀曲，也見怪不怪，桃花重，愛羅曼蒂克的小兔，不管男性或女性，為了保護自己，只好擦乾嘴巴，裝蒜應對一下。

時辰：05-07點

辰月（農曆3月）生肖龍，陽土（土木雙重性格）

內在：自由自大是天性，福報好，點子多，聰明但捉摸不定，喜歡當領導者，熱心助人，眼界高，桃花多，愛面子，愛聽好話，喜歡別人奉承他。

特質：神秘高貴的龍，總是神龍見首不見尾，內心令人難以捉摸，主觀意識非凡，若事情不若預期，或事情被說破，會自找台階下。鐵齒任性，學習力強，工作能力好，是事業上的好夥伴，桃花不少的神龍，不愛人束縛，並非他不愛伴侶，只是自由慣了。

時辰：07-09點

巳月（農曆4月）生肖蛇，陰火

內在：冷靜沉著，善於分析，警覺力異乎常人，外冷內熱，刀子嘴豆腐心，心思縝密，工作能力強，口才非常好，商場生意上的狠角色。

特質：冷若冰霜的蛇，善於獨處，生來無腿，只能蛇行鑽研匍匐前進，別人只要努力一下就能成功，蛇卻要花上兩倍工夫，努力堅持，才能獲得成功。冷眼看世界的蛇，一如體溫冷若冰霜，一旦卸下心房，遇到喜歡的人會熱情如火，感覺不對的人，半句話都嫌多，尤以女性表現最為明顯，但她就是有一股神秘魅力吸引男人，讓人無法招架。

時辰：09-11點

午月（農曆5月）生肖馬，陽火

內在：自尊心強，不服輸，性情耿直，火爆急躁，禁不起嘲諷刺激，驛馬本質，勞碌奔波，衝鋒陷陣捨我其誰。

特質：性情奔放的馬，心腸柔軟，樂觀開朗，豪邁奔馳在森林草原上，適應性強，人緣其佳，只要受到誇獎和稱讚，赴湯蹈火在所不辭，但喜好自由的馬兒，膽子大，脾氣也不小，受不住冷嘲熱諷，火氣上來會迎面反擊。善交際又愛美的馬兒，不管男女，桃花常開，但並不是愛風流，只是天性熱情奔放，魅力無法擋。

時辰：11-13點

未月（農曆6月）生肖羊，陰土（火土雙重性格）

內在：重感情，孝順父母，尊敬長輩，人情味十足，親切隨和，行事作風謹慎，有條有理，忠貞專情，好勝不服輸。

特質：羔以跪乳的羊兒，孝順又懂得反哺，溫馴與和善是本質，但個性一絲不苟使然，說不出甜言蜜語，喜歡成群的羊兒很敏感，很膽小沒安全感，有群體依靠時，才會發揮所長當領導人。對感情執著的羊兒，很愛追根究底，那是因為打破沙鍋後，還想追問破損的沙鍋在哪裡。

時辰：13-15點

申月（農曆7月）生肖猴，陽金

內在：重義氣，衝勁十足，性子急閒不住，「耐心」和「等待」的字眼，幾乎在他的字典中自動刪除，博學不精，易陷於虎頭蛇尾，三分鐘熱度。

特質：敏捷好動的猴兒，善模仿，超級模王的猴兒，聰明度和學習力一流，應變能力不同凡響，行事俐落，不拖泥帶水，事情只看重點，聽話說話當然不愛嘮叨，機智細膩的猴兒，異性緣好，愛走捷徑引領風潮，風騷招搖也不足為奇。

時辰：15-17點

酉月（農曆8月）生肖雞，陰金

內在：熱心服務，喜歡熱鬧，重視感覺，第六感強，自有一套審美觀，自信自尊虛榮是保護色，內心深處悲觀消極。人緣好異性緣佳。

特質：司晨報曉的雞，熱心公益，服務人群，八卦消息無所不知，做事投入認真，有時顯得熱心過度，想幫的事必挺到底，但雞婆過頭，常落得裡外不是人的下場，因而鬱悶不已。司晨報曉是雞的特質，來源消息多，人脈廣闊，喜歡熱鬧，桃花當然也多多。

時辰：17-19點

戌月（農曆9月）生肖狗，陽土（金土雙重性格）

內在：貴人提攜，福報好，樂觀積極，自尊心超強，善良忠貞，愛當老大，喜歡照顧別人，鐵齒一族，眼見為憑才願意相信，信用良好，卻不易溝通。

特質：顧家重感情的101忠犬，點滴之恩湧泉相報，是好友和好員工的最佳人選，但戒心強的天性，不輕易相信別人，但也不會背叛認定的家人和朋友。重感情的犬兒，易陷入情網無法自拔，甜蜜的戀曲，常迷得他暈頭轉向。

時辰：19-21點

亥月（農曆10月）生肖豬，陰水

內在：外剛內柔，智勇兼備，業務高手，剛毅重原則，看似好溝通但實則不然，內心難以捉摸，矛頓反覆的個性，完美主義。

特質：個性溫馴的豬兒，適應力佳，喜歡群聚，防衛心強，口才好。一抬頭雖視野廣闊，心頭煩悶不願說出口，受不得刺激，容易想不開，平時安靜無聲，但有了舞台和機會發揮所長，便會滔滔不絕，欲罷不能，因此扮豬吃老虎，再正常不過了。

時辰：21-23點

逆轉勝小秘方★

希臘有名的哲學家柏拉圖曾說：「歲月就像一條河，左岸是無法忘卻的回憶，右岸是值得把握的青春年華，中間飛快流淌的是年輕隱隱的傷感。」

而世上只有兩種人，即是男人與女人，但男人與女人組成的世界，卻充滿著悲歡離合紛紛擾擾，而在紛擾的世俗中，要學會平常心去看待一切。

知道世間萬物自然規律法則，脫離不了五行奧妙，當問題產生，就針對問題解決問題，與人為善，做個五行特色優點兼具的快樂之人。

「寵辱不驚，閒看庭前花開花落；去留無意，漫隨天外雲捲雲舒。」

學會安之若素的淡定，以平常心看待一切事物，也是一種幸福境界。

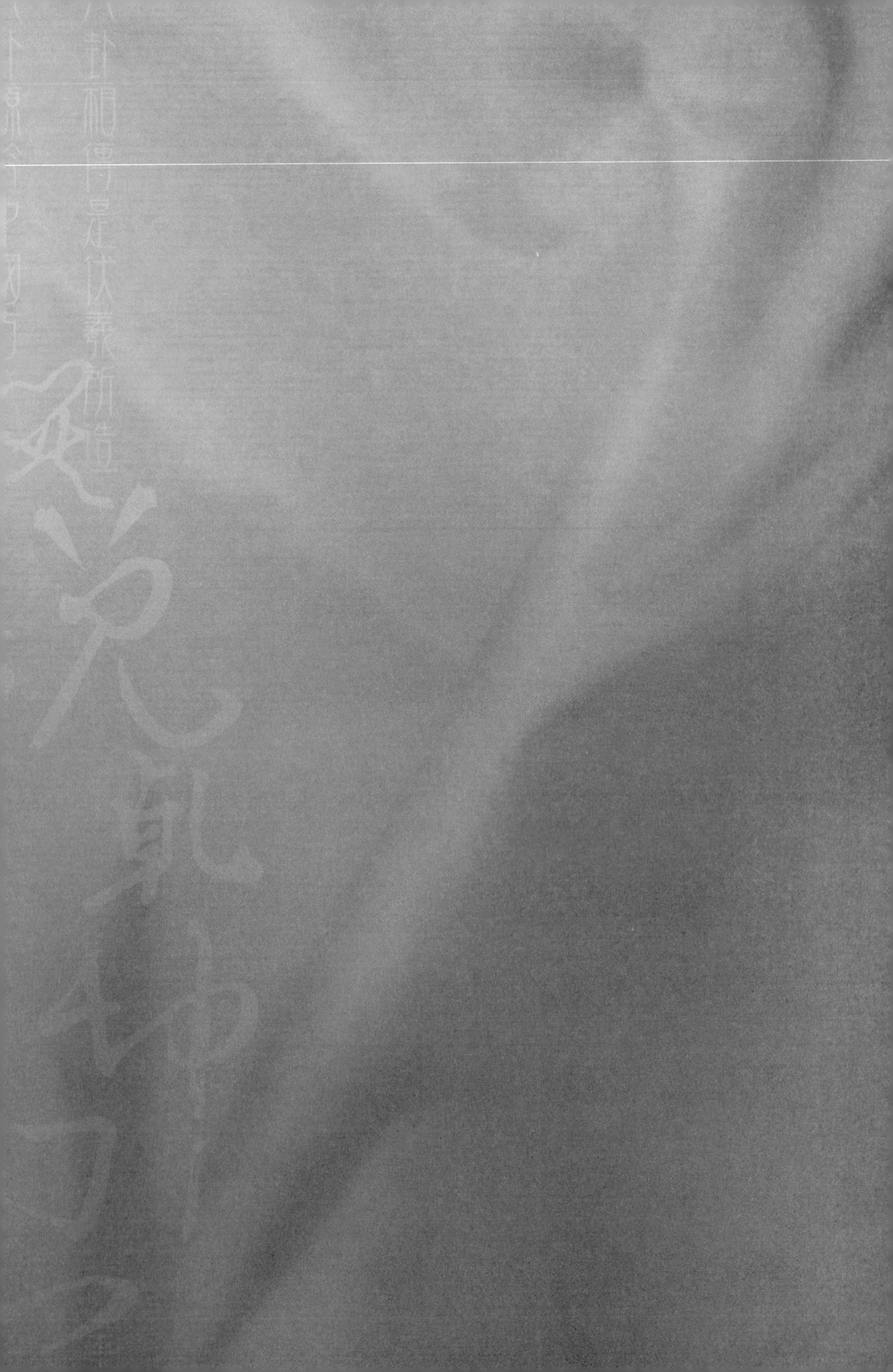
卦相傳是伏羲所造

第四勝

格局運勢，運籌帷幄

格局運勢運籌帷幄共有十個神，專有名詞稱為十神，十神也是日主對應每柱天干，五行生剋的專有名詞，可表性格、興趣、職業和六親及運勢吉凶的對應關係，以下的簡易命盤可得到印證：

簡易八字命盤

四柱	年柱	月柱	日柱	時柱
主星	偏才	食神	命主（日主）	傷官
天干	戊	丙	甲	丁
地支	★	辰	寅	卯

＊尊重C小姐意願，年柱地支以★代替＊

命主（日主）甲木對應年柱天干戊土，年柱十神主星為偏才；甲木對應月柱天干丙火，月柱十神主星為食神；甲木對應時柱天干丁火，時柱十神主星為傷官。

而命主甲木特質，領袖慾強，甲木又是十天干之首，表面雖平靜，內心其實不願屈就人下想當老大，想讓周遭的人有個依靠也不足為奇。月令地支為辰，喜歡聽好話被尊重，也不愛受人管教束縛，主觀意識強，有時事情說定了，卻會說變就變，善變之快難以捉摸，若被對方追問，倒是有許多說詞，自找台階下。

現實生活中，命主甲木的C小姐，家境不錯，個性大而化之，行事做風大剌剌，愛玩的她很少認真念書，但考運奇佳，大學也如父母所望，考上公立名校，C小姐在校人緣不錯，同學、朋友也很多，C小姐的父親很疼愛她，但由於父親的早逝，又未能及時見上最後一面，所以對父親有種難以言喻的思念，但C小姐和母親相處模式可不是如此平和，對於母親的管教和碎唸視為畏途，一心想離開家庭，脫離母親的勢力範圍。

C小姐向來獨斷獨行，大學主修的是冷門科系，畢業後也未如家人所期望繼續深造，深覺懷才不遇的C小姐，通常一個工作做不到2年便換老闆，所交往的對象往往也有父親的影子存在，C小姐由於工作緣故，結識了現在的丈夫。家境優渥的C小姐，知道母親必然會反對與大她十多歲、家境不好的先生往來，所以故意隱瞞秘密交往，直到前幾年，才讓家人知道有這位先生的存在，家人無奈之餘，也只能給予祝福，並幫C小姐辦了風光的婚禮。

婚後，經歷了柴、米、油、鹽、醬、醋、茶的生活磨合，夫妻倆常為了生活開銷爭吵，甚至吵著要離婚，經過風風雨雨的磨合調整，C小姐和丈夫開始奮發圖強，奮鬥了一段時間，雙雙考上公職。經濟環境改善了，如今小倆口很少再為收入分配支出爭吵，只想過二人世界的他們，開始悠哉閒適的生活，工作之餘，國內外美食旅遊走透透，足跡踏遍十多個國家。

年柱偏才之人，泰半家境優渥有祖產，一生之中不乏吃好、用好、穿好，樂於助人，不善於理財和執著錢財；月柱食神之人性格開朗，重視精神和物質的調和，對於文學藝術有獨到見解，交往的朋友也有相同質感，重享受喜歡美食，也容易自命不凡。日主地支為寅，配偶或交往對象，心軟仁慈，勞碌閒不住，自我期許甚高，單打獨鬥的本事強，但掌控力也強。時柱傷官，多才多藝，理想高遠抱負遠大，有時後會因興趣太廣，博而不精，有些恃才傲物。時柱傷官，女命易小產，子息較難教養，或難有子息。

如此的實例印證，十神看運勢格局，還真準！

緊接著，來研究一下，如何從日主天干，來判斷自己的天干十神，到底是哪幾個？日主天干代表的是「我」，「我」想要成長，必定經過生養教育，學習成長，智慧啟發，競爭動力，管理領導，控制佔有，付出給予多種循環，這些循環概括了，「生我」、「我生」、「同我」、「我剋」、「剋我」五種制約生剋的現象。

「生我」代表著養育、教養、福蔭、寬容、滋長、幫助、提攜的涵義；「我生」代表著付出、創意、聰慧、才能、洩出、給予的涵義；「同我」代表著比較、競爭、組織、團隊、計量、較量的涵義；「我剋」代表著促進、擁有、佔據、堅持、我執、掌控的涵義；「剋我」代表著懲處、管束、排斥、決斷、制約、主導的涵義。十神的排法和日主天干的「我」，和其他三柱的天干有極密切關係，十神對照表和十神看六親如下：

〈十神對照表〉

日干生剋	比肩	劫財	食神	傷官	偏財	正財	偏官	正官	偏印	正印
甲	甲	乙	丙	丁	戊	己	庚	辛	壬	癸
乙	乙	甲	丁	丙	己	戊	辛	庚	癸	壬
丙	丙	丁	戊	己	庚	辛	壬	癸	甲	乙
丁	丁	丙	己	戊	辛	庚	癸	壬	乙	甲
戊	戊	己	庚	辛	壬	癸	甲	乙	丙	丁
己	己	戊	辛	庚	癸	壬	乙	甲	丁	丙
庚	庚	辛	壬	癸	甲	乙	丙	丁	戊	己
辛	辛	庚	癸	壬	乙	甲	丁	丙	己	戊
壬	壬	癸	甲	乙	丙	丁	戊	己	庚	辛
癸	癸	壬	乙	甲	丁	丙	己	戊	辛	庚

（左到右，橫向推論）（偏官也稱為七殺，偏印也稱為Ｐ）

〈十神也可看六親〉

比肩	劫財	食神	傷官	正財	偏財	正官	偏官	正印	偏印
兄弟 姊妹 朋友	兄弟 姊妹 朋友	岳父母 晚輩 部屬	祖母 晚輩 部屬	男／妻子 女／父親	男／父和妾 女／婚前：父 婚後：婆婆	男／女兒 女／丈夫	男／兒子 女／情人	母親	祖父 繼母 養母

比肩

優點：恆心毅力堅定不移，獨立性強，自尊和自信強烈無比，善於交際應酬，反應快，對家人、朋友真情摯意付出，情義相挺，工作認真努力，堅持到底。

缺點：本位主義，對兄弟姊妹、朋友慷慨大方，對方未必同等回報，因此鬱悶情緒化，很懂朋友心，知心好友卻沒幾個，愛恨分明，與家人易溝通不良。

調整：比肩者，彷彿持著兩把匕首單打獨鬥，與人競爭過生活。匕首利刃，本有兩面，一面向外創造最大效益，另一面向內，無形中會傷害自己，正面樂觀是最好的良藥，慢慢撫慰內心深處傷口，也切記盡量不要與人合夥，或做擔保背書，免得增添煩惱。

劫財

優點：愛財，個性堅強，處事積極果斷，應變能力強，奮鬥不懈，保護色強，交遊廣闊，重視兄弟姊妹、朋友，公關能力佳，口才一流，社交高手，行動力強，掌控慾非凡，心思轉變快。常為別人開示解惑，但卻搞不定自己。

缺點：雙重性格，外表樂觀開朗，實則內心矛盾，感情經營較不順，易為手足和伴侶發生口角，面對競爭力是家常便飯，喜歡的對象，也都是炙手可熱，很多人追求。喜歡為別人開示解惑，獨處時內心卻迷惑不已。常失戀，或有刻骨銘心的戀情。

調整：凡事別孤注一擲，深思熟率後再行動，多為配偶和家庭著想，幸福又美滿。

食神

優點：才華洋溢，氣質典雅，感情豐沛，心思細膩，清雅秀麗，聰明而不喜嶄露頭角，悟性高，具領導格，口條好，喜歡羅曼蒂克，想法突出愛幻想，直覺力敏銳，純樸厚道。美食家，口福好。藝術美學、戲劇表演、歌舞演藝、文創有相當天分，愛情與麵包要並駕齊驅發展。

缺點：太過理想化，忽略現實生活，不切實際，偶爾離經叛道，常有懷才不遇之慨。想法過多，易於疲勞。追求完美，個性矛盾，本位主義，桃花多，風花雪月高手。口福太好，容易發胖，廚藝不精者，倒是說得一口好菜。

調整：完美的人、事、物，往往在神話和童話中出現，才華理想落入現實，飲食作息均衡，健康才是最大財富。

傷官

優點：生性愛自由，完美主義，具領導格局，足智多謀，創意不斷，口才伶俐，抱負理想遠大，悟性高自信強，學習能力佳，博學多藝，在乎別人對自己的觀感。跳躍式學習事務，但只記重點。藝文影視歌舞興趣廣，可朝演藝圈發展，或是以自己的才藝經營個人工作室，或從事專業技能工作。女命，秀麗大方，眼神迷濛，漂亮勾魂。

缺點：不愛被約束，敢愛敢恨，愛唱反調，龜毛，碎碎唸抱怨，主觀情緒化，尤以男命更愛唸，個性反覆無常。

調整：忠言往往逆耳，客觀圓融，不強出頭，是非遠離。

正財

優點：作風保守，節儉不浪費，不愛鑽研，知足感恩，心地柔軟，努力工作且任勞任怨，一步一腳印，重視家庭，有責任感，不愛強出頭，正直不取巧。男命疼惜伴侶，適合當老公，女命端莊也顧家。

缺點：原則過多不變通，謹慎小心過了頭，抗壓性和勇氣不足，重視財富的擁有度，男命吝嗇、沒情調，但對愛慕的女性除外。

調整：有錢雖可行遍天下，但過於計較金錢得失，容易在親情友情上顧此失彼，放開心胸，勇於開創，成就必定不凡。

偏財

優點：交際手腕好，作風豪邁不羈，體力旺盛，在家待不住，重義疏財，不把錢當錢花用，精明能幹。男命女人緣好，桃花多，女命異性緣也不少。事情處理快、狠、準，俐落明快，反應一流。風流多情，生活歷練豐富，見解與眾不同。

缺點：喜歡賺大筆錢，野心大，賭性堅強。和父親相處，感情易於疏離。男命非常了解女人心，因此紅粉知己多，較喜愛花街柳巷，易影響家庭安定。意外開銷多，導致奢侈浪費。

調整：學習理財規劃，購置不動產。家庭是每人的堡壘及避風港，和樂安定才能獲得幸福。

正官

優點：有群眾魅力，深得人心，信任尊重，眾人焦點。保守中庸，負責任重信用。

認真安份。知人善任有遠見，重視法條原則，具領導管理格局。熱心服務，正派，考運好，升遷快。男命有責任感，尤其女命端莊愛漂亮，在乎形象，口條好，很會說話。而不管男命、女命正官，只要認定對方是自己人，就會有莫大的保護慾。

缺點：重包裝，愛面子。膽識氣魄不足，矛盾反覆，但辯才無礙。

調整：面子等同第二生命，超越個人尺度，翻臉的機率大，需要私下一對一溝通。

（本命有正官、偏官七殺混雜交錯，容易從事政治、軍警武職，甚至黑白兩道都吃得開。）

偏官（七殺）

優點：公關能力佳，敏銳判斷力，開創領導格，勇於突破困境，重視權勢地位。善於謀略，開疆闢地之才，濟弱扶傾，文韜武略，眼神凌厲，不怒而威。異性緣好，敢愛敢恨，敢作敢當。政治人物、黑白兩道、軍警武職之格局，八大行業也吃得開。女命漂亮眼神勾魂。

缺點：性格偏激，好強愛面子，猜忌心強，不容易相信別人，掌控慾強，樹敵無數，易陷入窘困，報復心強。

調整：退一步海闊天空，真英雄。

（本命有正官、偏官七殺混雜交錯，容易從事政治、軍警武職，甚至黑白兩道都吃得開。）

正印

優點：善良仁慈，孝順父母，不愛跟人鉤心鬥角。內涵豐富，和藹可親，好學上進，寬容自愛，重視名聲形象，依賴心重，思想主觀，常與宗教結善緣，尤以佛教。惜情重情，朋友多。貴人提攜相助，福報好。

缺點：凡事想得過於美好，不善於觀察別人。重視生活品質和精神層面，輕財重義，愛面子，清高自負，不切實際。

調整：哲學家性格，往往忽略現實狀況，勇於籌劃，開創新機，勇往直前，自有一番屬於自己的格局。

偏印（P）

優點：舉一反三，說服力高，洗腦專家，警覺性強，思想細膩，精明幹練。天賦異稟，悟性高，學習力強。異性緣好，貴人多。太過聰明，不輕易相信別人。有創造設計天分，易與宗教結緣，尤以道教密宗，或和家人不同宗教。

缺點：自我感覺良好，沒耐性，不合群，不贊同別人想法，喜走旁門走道，叛逆心強，為反對而反對。外表樂觀堅強，性格內向陰暗，多猜疑，孤芳自賞。

調整：按部就班，腳踏實地，多欣賞別人優點，忽略別人缺點，以和為貴，多參與社交活動，開創新局。

十神 vs. 戲劇代表人物

比肩的戲劇代表人物：十三爺（步步驚心）

比肩的特質，獨立性強，自尊心和自信心無與倫比，堅毅不撓，善於交際應酬，對家人、朋友真情付出情義相挺，愛恨分明不輕易示弱，只能暗自撫平內心傷口。

〈步步驚心〉的十三爺是典型的比肩代表人物。

十三爺生性奔放豪放不羈，渴望無拘無束、自由自在的生活方式，但生長在帝王家，必須肩負重責大任，身為皇子的十三爺雖早有嫡福晉，但他始終最愛的是青樓女子綠蕪，綠蕪也在十三爺被幽禁時陪伴左右，深情回報。

比肩特質的十三爺，與異母所生的哥哥四皇子感情最好，十三爺對四爺真心付出，情義相挺的他甚至為了維護四爺，甘願為四爺背負莫須有的罪名，被康熙皇帝幽禁在養蜂夾道十年，幸好成了雍正皇帝的四爺也有情有義，彌補對十三爺的虧欠，賜封怡親王爵位，並代代世襲。

劫財的戲劇代表人物：十四爺（步步驚心）

劫財的特質，個性堅強，處事積極果斷，應變能力強，交遊廣闊，重視手足、朋友，外表樂觀開朗，實則內心矛盾，口才一流，行動力強，掌控慾非凡。感情經營較不順，喜歡的對象，也都是炙手可熱，很多人追求。

〈步步驚心〉的十四爺是典型的劫財代表人物。

十四爺生性剛毅正直，行事作風不太會粉飾太平。生在帝王家，太過耿直的個性最易陷入危險中，雖然十四爺和四爺是同父母所生，但卻是對頭冤家，他反倒和異母所生的八爺素來交好。

劫財特質的十四爺，很重手足、朋友之情，八爺因結黨營私被康熙皇帝削去爵位，勇敢果斷的他居然直言不諱為八爺求情，差點連同自己也捲進政治漩渦中，引來殺身之禍。

十四爺年少時就與女主角若曦是好朋友，若有似無的愛苗情感，即便在心田滋長也渾然不覺，桃花朵朵開的若曦，雍正皇帝可是愛得很，等十四爺察覺自己喜歡若曦時，早已來不及了！

食神的戲劇代表人物：若曦（步步驚心）

食神的特質，才華洋溢，氣質典雅，感情豐沛細膩，聰明而不喜嶄露頭角，悟性高，具領導格，喜歡羅曼蒂克，想法突出愛幻想，直覺力敏銳，桃花多，風花雪月高手。美食、藝術美學、戲劇歌舞有相當天分。追求完美，個性矛盾，本位主義，偶爾離經叛道。

〈步步驚心〉的現代女子張曉到穿越到古代的若曦，是典型的食神代表人物。

張曉原是現代都會女子，發生意外而穿越到清朝康熙年代，搖身一變成為活潑可愛的若曦，感情豐沛清新脫俗的，遇見了一群明爭暗鬥的年輕阿哥們，自然與年少的十爺、十三爺、十四爺嘻笑打鬧，成為好朋友。

食神血液中有著不服輸的因子，為了維護姊姊，在若曦離經叛道的和明玉互毆中表露無遺，而她嬌悍的一戰成名，也植入了進宮的因緣。

才華洋溢機智靈巧的食神特質，讓故作鎮定的若曦在康熙皇帝前，唸了一段毛澤東先生所著〈沁園春・雪〉中的一闕詞，贏得皇帝讚賞。另外，食神特有的溫柔體貼，以及對藝術、花藝、美學、文學、廚藝的專長優點，也讓康熙皇對這個御前宮女，刮目相看疼愛有加。

但面對愛情，自我為中心的食神特別重視感覺，本位主義極重，若曦明知道歷史演變，卻高估了愛情的比重，以為自己可以讓八爺放棄覬覦皇位的野心。食神的忽略現實，也再次周旋在她與四爺之間的愛情，偏偏忘了歷代君主為了保住皇位，報復手段是極為殘忍，一心鏟除異己的四爺雍正，豈是旁人勸阻就能收手？

問世間情是何物，直教生死相許？愛情的確是女命食神的一大死穴！

矛盾的食神本質，令若曦選了所愛，又無法昧著良心堅守愛情，無時無刻的凌遲自己，終於在古代香消玉殞，穿越回到現代。心中百轉千迴的若曦（張曉），卻在古文物展覽的會場，遇上轉世到現代的四爺，淚流滿面的她激動不已，久久無法自己……

傷官的戲劇代表人物：甄嬛（後宮甄嬛傳）

傷官的特質，生性自由，完美主義，足智多謀，口才伶俐，才華洋溢，領悟力高，自信心強，聰明果斷，在乎別人對自己的觀感。博學多藝，越挫越勇，主觀情緒化，敢愛敢恨，滿腔抱負，容易成為聚焦。女命秀麗大方，眼神迷濛，漂亮勾魂。

〈後宮甄嬛傳〉的女主角甄嬛是典型的傷官代表人物。

甄嬛本性善良聰慧靈巧，琴、棋、書、畫樣樣精通，年輕的她，進入了紫禁城後宮牢籠，深受皇帝寵愛，隨著與日俱增的榮寵，步步淪陷在政治權謀，以及嫉妒交織的網絡中。

一連串的打擊挫折，讓心灰意冷的甄嬛出宮帶髮修行，卻不意的和果郡王相戀，但種種原因不得不讓她重回紫禁城，為了捍衛家族和想保護的人，發狠的扳倒許多宿敵，最後登上紫禁城的權勢頂端，成為皇太后。

傷官特質的甄嬛，多才多藝，機變善巧，當她陷入別人設下的圈套，卻出人意表，非但沒出醜，反倒以舞藝卓絕的驚鴻舞讓眾人刮目相看。而領悟和分析力高的傷官因子，讓甄嬛可以和皇帝侃侃而談政局，並設計扳倒華妃。傷官情緒化的一意孤行，促使傷透心的甄嬛，拋下誕生不久的公主，出宮帶髮修行。

在甘露寺受盡欺凌的甄嬛，卻峰迴路轉和果郡王相戀，有仇必報的傷官因子，讓以為果郡王已逝的甄嬛，懷著情人的孩子重返紫禁城，送皇帝一頂綠帽。當她手帕交沈眉莊被安陵容設計而死，以及果郡王飲下毒酒身亡時，傷官在忍無可忍之下的爆發力不可小覷，甄嬛於是發狠扳倒安陵容及皇后、氣死皇帝，最後成為權傾後宮的皇太后。

古時，總說傷官如何的不好，大抵都意指傷官過重者，硬生生剋掉了正官仕途；至於女命傷官被說得更難聽，若丈夫有個三長兩短，全是因為娶了這個剋星回家！

但話說回來，不管男女傷官，優秀特質很多，狂妄張狂的因子也不少。現代社會，行行出狀元，只要讓傷官有適當的舞台發揮，必會慢慢嶄露頭角大放異彩。

而重男輕女的古人，明文說女子無才便是德，或認為女命傷官會剋夫，則是見仁見智。況且，職場如戰場，女性若無才華和工作能力，如何在工作職場上生存？婚姻的幸福美滿是靠雙方用心經營，並非「傷官」就足以剋掉所有一切！

不過，女命傷官真的也不好惹，惹了她，簡直是在加油站旁邊抽菸點火，哪天被如何修理整治都不曉得，現在的女性出頭天，在各行各業表現得越來越出色，甚至還有女性當了總統。

所以，任誰再也不能隨便說傷官女子的壞話喔！

正財的戲劇代表人物：果郡王允禮 蘇培盛溫太醫（後宮甄嬛傳）

正財的特質，心地柔軟，作風保守，重視家庭，有責任感，不愛強出頭，努力工作且任勞任怨，一步一腳印。異性緣好，作風保守，知足感恩，正直不取巧。男命疼惜伴侶，適合當老公，女命端莊顧家。

〈後宮甄嬛傳〉的果郡王和蘇培盛，以及溫太醫是典型的正財代表人物。

俊逸的果郡王允禮，生性善良體貼，作風保守，深知皇帝猜忌心重，內斂的他便不愛出風頭，也不涉入朝政，但偏偏愛上不該愛的的嬪妃甄嬛，且愛得癡情不悔，至死不渝。

太監首領蘇培盛善於察言觀色，原與甄嬛的心腹崔槿汐是同鄉舊識，蘇培盛明知崔槿汐求助於他，並非鍾情於他，但昔日甄嬛待他不薄，蘇培盛願意穿針引線協助她們主僕重返紫禁城，經過一翻波折，蘇培盛還是以真摯的心，打動了崔槿汐。

太醫溫實初，原是甄嬛舊識，真情摯意雖被拒絕，但心儀的甄嬛入宮、離宮再度回宮受到榮寵，溫太醫始終如一在甄嬛背影默默守候，以致忽略惠妃沈眉莊對他的傾慕，直到沈眉莊撒手人寰，溫太醫才恍然大悟，這位氣質典雅的女子早已植入他心中，卻為時已晚。

果郡王和蘇培盛，以及太醫溫實初，三人無疑是具有正財特質的好男人，他們為人中庸，任勞任怨，不愛出風頭，有家庭責任，對於心上人，真心付出不求回報。

劇中，若不是果郡王不顧自身安危臥冰，抱著高燒不退的甄嬛降溫，帶髮修行的甄嬛說不定會香消玉殞；為了不讓甄嬛與準葛爾王和親，果郡王膽大妄為私自去營救，一連引起皇帝對他的殺機，而他為了保全甄嬛皇貴妃的清白和地位，不惜偷偷調包毒酒飲下身亡。

蘇培盛雖是太監身分，卻是有情有義的好男人代表，傾慕崔槿汐願意為她付出一切，因為他明白自身的殘缺，能給予女人的是一顆真心，因此被告發穢亂之罪淪落到慎刑司，深愛崔槿汐的蘇培盛，依然沒吐出對甄嬛和崔槿汐不利的供詞。

溫太醫心地淳良，情感表達方式是呵護照顧默默付出，卻將錯就錯的向惠妃沈眉莊取暖，自宮的他雖是為了切割和甄嬛之間的清白，意外的讓即將臨盆的沈眉莊早產，直到佳人香消玉殞才如夢初醒，原來自己早已愛上這位多情的女子。

然而，果郡王和溫太醫為心上人不顧一切的付出，雖有正財好男人的優質，但也兼具了劫財男人的特質，因為有劫財特質的男人，常會愛上羅敷有夫或名花有主的女人，對於愛上自己且愛得死心塌地的女人卻往往忽略，不上心頭。

總之，這三個有情有義的男人，都是正財好男人真心愛上女人會有的表現，但正財也不是完人，正財也會嫉惡如仇，暗暗找機會修理得罪他的人唷！

再者，男命正財或女命正財的愛情觀，往往不眷戀激情，因為當他們累了、倦了、老了，無非圖的就是有雙溫暖羽翼，可以讓他們相偎依和隨時取暖！

偏財的戲劇代表人物：九爺（步步驚心）

偏財的特質，交際手腕好，作風豪邁不羈，體力旺盛，在家待不住，重義疏財，不把錢當錢花用，精明能幹。男命女人緣好，桃花多，女命異性緣也不少。事情處理態度快、狠、準，俐落明快。風流多情，生活歷練豐富，見解與眾不同。

〈步步驚心〉的九爺是典型的偏財代表人物。

九爺生性精明能幹，交遊廣闊，重義疏財，處事作風俐落，與異母所生的哥哥八爺交情好，是八爺納入羽翼的兄弟之一，歷史上的九爺，在康熙皇帝在位時，就善理財資產豐富，也搜括了不少民脂民膏，八爺失勢後，轉而支持十四爺。四爺登基，早握有眾人把柄，當然逐一修理整治，但不死心的九爺仍伺機而動，最後被監禁除去皇室宗籍，還被雍正惡意改名成塞思黑，也就是貶抑九爺為豬的意思。

偏財特質的男人，女人緣極好，野心大，女人也很願意為他付出。年少時的九爺乘著轎子出遊，邂逅了玉檀，給她救命的銀票和保暖袍子，不經意的瀟灑卻勾動少女心，讓她心甘情願掩人耳目當宮女，游移在康熙和雍正之間，竊取情報。

偏財的男人，果真是女人趨之若鶩的桃花樹！

正官的戲劇代表人物：四爺及八爺（步步驚心）

（命盤同時有正官、偏官七殺出現，容易從事政治、軍警武職，甚至黑白兩道都吃得開。）

正官的特質，有群眾魅力，深得人心，信任尊重，眾人焦點。保守中庸，負責任重信用。知人善任有遠見，具領導管理格局。熱心服務，升遷快。男命、女命正官，只要認定對方是自己人，就會有莫大的保護慾。

〈步步驚心〉的四爺和八爺是典型的正官代表人物。

戲劇中的四爺雍正，絕對擁有正官的管理能力，認真負責，知人善任有遠見，且善於等待時機。嚴肅隱忍的四爺，在眾皇子的明爭暗鬥中，總是一派淡定，教人無法臆測他的想法，知人善任的他在朝中善於佈局，暗暗擁有效忠他的派系，最佳時機到來，蓄勢登上紫禁城之巔。

四爺和十三爺的感情最好，十三爺因八爺的陷害，幽禁在養蜂夾道多年，而正官之人，只要認定對方是自己人馬，會有莫大的保護慾及責任感，因此四爺處心積慮要扳倒八爺登上皇位，並且伺機報復。

但話又說回，被男命正官愛上的女人，其實很幸福，正官男人雖不重情調，但不時會展開大男人的臂膀，予以保護。

劇中，若曦落寞時，正官四爺送她木蘭髮簪的訂情物，並以「行到水窮處，坐看雲起時」信箋勉勵她；倨傲的若曦力抗明玉姊妹的數落，四爺現身解圍還親手繪製鼻煙壺送她，調侃她像被欺負的小白狗；若曦徹夜淋雨為十三爺請命，夜未眠的四爺與她在同一片天空下淋雨；當若曦差點受到箭擊，四爺奮不顧身為她擋了一箭；對於貶至浣衣局的若曦，四爺也盡全力為她張羅一切，因為將來登基為皇的他，絕不負卿。

種種的保護慾，都是男命正官愛上女人會有的表現！

劇中另一個正官，則是氣宇不凡、地位名聲都不錯的八爺。

被人稱頌的八賢王，必有過人的聰明睿智及交際能力，也就是正官給人的信賴度和安全感，而八爺也藉由營造出來的聲望，網絡人心結黨營私，只可惜爭奪儲位的野心佈局，敵不過宿命，即便拼盡全力，不具皇帝命格的八爺，最終落得悲劇下場。

八爺對於有緣無份的若曦，正官的男人肩膀和深情，令人為之動容。

愛上若曦的八爺，為了阻止若曦選上秀女，不惜請託母妃在後宮為她打點一切；在塞外，為了討好若曦，聽她唱過現代歌曲茉莉花的八爺，送了她滿帳篷的茉莉花海，表達愛意。

雖然，八爺愛美人，也不願放棄江山之奪，但在若曦不願委身太子之際，八爺暫拋嫌隙和四爺聯手打擊太子；而為了成全若曦離開紫禁城的心願，仕途乖舛的八爺，故意在雍正面前揭露他們過往的愛情，讓雍正對他恨之入骨，繼而慢慢凌遲。

總之，正官的男人肩膀真是了得，能被這樣的正官男子愛上的女人，很幸福！

偏官（七殺）的戲劇代表人物：四爺及八爺（步步驚心）

華妃（後宮甄嬛傳）

（命盤同時有正官、偏官七殺出現，容易從事政治、軍警武職，甚至黑白兩道都吃得開。）

偏官七殺的特質，公關能力佳，敏銳判斷力，重視權勢地位。善於謀略勇往直前，文韜武略，眼神凌厲，不怒而威。異性緣好，敢愛敢恨，敢作敢當。性格偏激，好強愛面子，猜忌心強，不容易相信別人，掌控慾強，樹敵無數，報復心強。

〈步步驚心〉的四爺和八爺，〈後宮甄嬛傳〉的華妃是典型偏官七殺代表人物。

身為康熙皇子的四爺，行事作風保守低調，善於等待時機，直到太子被罷黜，暗暗佈局多年的他才嶄露頭角，偏官性格顯露，善於謀略報復心極強的他為了權勢地位，設下陷阱，將八爺送康熙的兩隻海東青弄得奄奄一息，陷他於不忠不孝，直接粉碎八爺的帝王夢。

偏官七殺的爆發力不只如此，自私多疑報復之心，發揮起來是絕對的殘酷！

勝者為王，敗者為寇，登基後的四爺雍正，欲加之罪何患無詞，嚴刑峻罰手足，八爺拘禁宗人府，除其皇室宗籍，強將八爺改名阿其那，九爺改名賽思黑，十爺和十四爺圈禁，並慢慢除掉對他有二心的功臣。

偏官七殺特質的八爺，運籌帷幄交際手腕好，善於攏絡人心，重視權勢地位的他，目標是龍椅，耍起狠來也不遑多讓，八爺打擊太子之餘，利用朝臣散播謠言，誣陷四爺狼子野心，十三爺義氣相挺擔下莫須有罪名，盛怒的康熙才會將十三爺圈禁養蜂夾道十年，沒有皇帝命的八爺，最後還是鬥不過天敵，一敗塗地。

〈後宮甄嬛傳〉的華妃，無疑是美麗的偏官七殺女性。

豔麗無雙的華妃，仗著哥哥年羹堯對朝廷有功，囂張跋扈，氣燄凌駕在皇后之上。女命偏官七殺，爭強好勝，漂亮勾魂，掌控慾和報復心強，華妃一心認為皇帝是真心寵愛她，於是明目張膽修理受寵的嬪妃。

木強則折，功高震主的年羹堯失勢，也意味著華妃漸漸失寵，貶為答應的華妃，最後從宿敵甄嬛口中知道真相，當她明白雍正並非真正愛她，且親手扼殺她的生育能力，性格偏激的偏官七殺的因子，讓絕望的華妃自我了斷，結束一生。

正印的戲劇代表人物：十爺（步步驚心）惠妃 敬貴妃 端貴妃（後宮甄嬛傳）

正印的特質，善良仁慈，孝順父母，不愛跟人鉤心鬥角。內涵豐富，和藹可親，好學上進，寬容自愛，重視名聲形象，依賴心重，思想主觀，常與宗教結善緣，尤以佛教。惜情重情，清高自負。貴人提攜相助，福報好。

〈步步驚心〉的十爺，〈後宮甄嬛傳〉的惠妃沈眉莊、敬貴妃和端貴妃是典型的正印代表人物。

戲中的十爺，和藹可親，有草包老十的外號之稱，十爺從不掩飾喜歡若曦的心意，但身為皇子，是躲不過皇帝指婚的命運，所以只能妥協娶了明玉為嫡福晉，婚後雖和妻子吵吵鬧鬧，正印的仁慈善良，讓他只有挨打的份，動怒而不動手。

雍正登基後，效忠八爺的十爺，理所當然也被奪爵拘禁，而妻子對他卻不離不棄，夫妻二人只求平安度過餘生，不再過問朝政，很有正印的福報。

後宮甄嬛傳中的惠妃沈眉莊，外柔內剛，聰慧高潔，遭人設計陷害後，清高自負的她看透皇帝涼薄，於是刻意避寵不與人鉤心鬥角，專心服侍太后，時時掛念好姊妹甄嬛，勇敢追求真愛，雖然死於難產，但至少這輩子真正愛過，也生下愛的結晶。

戲中，不受皇帝寵愛的敬貴妃、端貴妃也是看透了人心涼薄，不喜權謀與人爭寵的二人，深諳明哲保身之道，不與人結怨，適時伸出援手予甄嬛，最後也得了善果。

正印特質的十爺、惠妃沈眉莊、敬貴妃、端貴妃，他們都具有正印的慈悲柔軟和主觀，重視名聲形象，不屑與人爭長短鉤心鬥角，潔身自愛，危難時，幸好都有貴人提攜相助。

偏印的戲劇代表人物：皇后及安陵容（後宮甄嬛傳）

偏印的特質，舉一反三，說服力高，洗腦專家，警覺性強，思想細膩，精明幹練。悟性高，學習力強。異性緣好，貴人多。太過聰明，不輕易相信別人。判逆心強，愛走捷徑。外表樂觀堅強，性格內向陰暗，多猜疑，容易孤芳自賞。

〈後宮甄嬛傳〉的皇后和安陵容，是典型的偏印代表人物。

皇后傾權六宮，母儀天下雍容華貴，地位僅次於太后和皇帝，心機自然也不在話下。華而不實的皇后，難以親近，猜疑多嫉，內心陰暗的她，以溫柔代替陰險的粉妝，每個嬪妃都是她可攻可守的棋子，妒意甚重的她，害死親姊姊，也害了很多嬪妃和未出世的龍裔，最終還是落得幽禁下場。

安陵容，性格卑微陰暗，自卑的她為了鞏固地位和父親仕途，不惜背叛好姊妹甄嬛，甘願做皇后的棋子，表面仍和甄嬛和沈眉莊好姊妹相稱，暗地卻使盡骯髒手段陷害，嫉妒心強烈的她機關算盡，也是難逃悲慘下場。

偏印特質的皇后和安陵容，二人有著偏印的猜忌心，喜、怒、哀、樂不形於色，外表樂觀堅強，性格陰暗，喜走捷徑和旁門走道，因為嫉妒讓她們既可恨又可憐。

母儀天下的皇后，善於權謀，鏟除嬪妃通常假他人之手，就算骯髒也不沾鍋。自卑的安陵容楚楚可憐，但要起手段的狠勁，令人不寒而慄，她既是皇后的人馬，又可喜怒不形於色和甄嬛以好姊妹相待，讓甄嬛步步淪陷在詭計中，不擇手段和性格陰暗扭曲，是很多人比不上！

生活中，偏印的特質，不是那麼晦暗，那只是戲劇效果，偏印之人，不過是聰明過人，心思細膩，反應比別人快，鬼點子多，容易為反對而反對，利己心較強罷了。

八字十神，各有優缺點，沒有絕對的好與壞，只要心存善念，不做損人利己之事，就端看個人如何運用優勢，去蕪存菁運籌帷幄，讓自己的人生更美麗豐富！

簡易八字命盤

時柱			日柱			月柱			年柱			四柱
正官			命主（日主）			正財			正官			主星
★			★			★			★			天干
★			★			★			★			地支
★	★	★	★	★	★	★	★	★	★	★	★	藏干
	100%		50%		50%	20%	30%	50%	20%	30%	50%	
	偏官		食神		比肩	劫財	正官	傷官	正財	偏才	正印	副星

十神也可看六親和運勢關聯！

在排出命盤後，得知四柱的十神主星，主星可推論命盤主人性格運勢，以及外在行為表現，諸如祖德、健康、事業、感情、財運、學業、子息的旺衰吉凶相當準確，主星如命主的外在個性和運勢，好比建築物的外觀及穩定結構；十神副星恰似命主不想令人探知的內心世界，宛如屋內裝潢及風格設計。

而年、月、日、時四柱由藏干推算出來的十神副星，每柱可能有3個或2個或者1個十神副星，而能量指數也可分50％（主氣）、30％（雜氣）、20％（餘氣）為一組、50％（主氣）、50％（雜氣）為一組、100％（主氣）為一組，查看日支配偶和創業為何，就看所佔比例最重的藏干副星，即可推論其能量。

明白了這些邏輯概念，接著就由十神主星，查看自己的六親和運勢走向。

比肩

年柱：出生時，可能家境不甚良好，父母、長輩為了錢財奔波煩惱。小時候喜歡玩樂，不太愛念書，父母也花了不少錢在自己身上。從小就獨立，很早就懂得打工分擔家計，太重視朋友，錢財與人分享，不懂理財存錢的重要性。

月柱：很早就進入社會大學面對競爭。重視手足、朋友，一心一意付出為他們，但自己陷入窘困，這些人不一定會對自己有助益。獨立自主，凡事靠自己打拼，錢財外借，不一定回籠。喜歡的對象，會出現競爭者，不善於表達自己的情感。太過在乎自己的感受，常覺得孤寂。

日柱：藏干比肩，配偶如同自己一樣的獨立自主，重視親朋好友、兄弟姊妹，心性和自己相仿，晚婚較佳，或者尋找思想成熟的伴侶，締結良緣。

時柱：工作事業常遇到同業競爭壓力。疼惜子女、晚輩，捨不得他們吃苦，累積的財富，容易讓他們予取予求。晚年身體健康不甚良好，獨立自主慣了，不喜歡造成晚輩壓力，獨自或與配偶居住。請謹慎理財投資。

劫財

年柱：一出生就花掉長輩很多錢，或是父母經營事業虧很多錢。父母之間感情不好。小時候家境不好，或小時候健康不佳。從小是個乖巧懂事的孩子，體諒父母的辛勞。比較有戀母情結，或喜歡年長異性的傾向。

月柱：同胞手足和朋友的比重超過配偶，故常起爭執。很早就分擔家計，或是自己半工半讀。經濟狀況好時，人脈廣，經濟窘困時，許多朋友就隱居起來。賺錢與人分享或賠掉，也容易被人欠錢不還，造成生活經濟窘困。欣賞年長的異性。喜歡的對象常會出現競爭對手。

日柱：藏干劫財，沒安全感，夫妻間的爭執除了生活的磨合，便是為了錢財爭吵，或為了手足、朋友之事起口角。晚婚較佳。

時柱：事業競爭壓力不小，或因合作對象而損失財富。容易投資失利。晚年時，身體健康多注意。對子女、晚輩呵護有加，容易將財務提早分配給他們。獨立自主慣了，寧願獨居也不想造成子女困擾。女命易大而化之，或較中性化，亦或有同性戀傾向。請謹慎理財投資。

食神

年柱：小時候可能常生病，父母容易擔心。聰慧多才多藝的小孩。記憶力佳，學習力強，讀書成績好。福報不錯，無憂無慮成長。所到之處，都有美食可享用。家庭環境不錯。

月柱：食祿好，口福佳。喜愛藝文或音樂會之類活動。往來朋友背景不錯，才華洋溢。喜歡鑽研有趣的東西，或是研讀喜愛的書籍到忘我境界。

日柱：藏干食神，男命、女命配偶喜歡美食，身材容易發福，個性寬容，有才華，但執行力不夠，男命、女命都重視情調，注重閨房之樂，主觀太重產生口角，多關注在感情婚姻經營，別拿放大鏡在生活中相處。

時柱：女命，懷孕注意安胎養胎。子女聰明伶俐。有容乃大，樂觀知足且長壽。晚年容易吃齋。煩惱不會在腦中停留太久，也不愛計較，因為明天又是嶄新的一天。

傷官

年柱：小時候和父母親疏離緣薄，父母的感情不太和睦常口角，耳濡目染下與父母或長輩溝通不良。年幼有家道中落現象。個性不太開朗。

月柱：對兄弟姊妹付出較多，但大多是一廂情願付出，別人未必有同理心回報。事業較難有成，或是付出好幾倍心力才有成果。女命感情易起波瀾，男命較不陽光。凡事過於認真用力，勞心勞力。龜毛。

日柱：藏干傷官，男命事業比婚姻重要，忠言逆耳。女命志比丈夫強，夫妻之間不易溝通。婚姻易起波瀾。別拿放大鏡檢視配偶。

時柱：家庭、事業多考驗，子女出生後比較難教養。女命小產的機會大。晚年注意身體健康。女命風情萬種。領導能力強，年紀越大，越有成就，但與部屬之間溝通不良，也易被扯後腿。

正財

年柱：重視金錢得失。小時候比較不愛念書，考運卻其佳。賺錢機會比較多。家中掌權者大部分是女性長輩。男命易有青梅竹馬的戀人。身強者出生便自帶糧草，相對的也給父母帶來財，獲得祖產機會大；但身弱者反之，家中可能追著錢跑，為錢煩惱。

月柱：較愛玩樂。不愛讀書，很早就半工半讀，愛工作賺錢，很珍惜錢財。男命疼惜老婆。

日柱：藏干正財，口出蓮花，男命容易得到妻子幫助。女命配偶有家庭責任，也帶財。

時柱：有固定資產、存款、穩定工作。喜愛玩樂。有儲蓄概念，經濟能力不錯。子女收入也不錯。

偏財

年柱：與父親不易溝通，常發生口角。貪玩，不喜歡念書。有祖產的機會大，不太愛待在家中。喜歡風花雪月。

月柱：不重視金錢，但很愛賺錢，只因金錢遊戲迷人又有樂趣。賭性堅強。交際應酬能力強，賺錢機會多，容易財來財去。家中泰半是父執輩掌權。男命桃花多，女命異性緣也不少。

日柱：藏干偏才，配偶精明幹練，俐落明快。男命對感情較不專注，容易有小老婆篡位正宮的傾向。女命能力強，常和丈夫起口角。個性成熟思想穩定之後再論及婚嫁較佳。

時柱：男命喜歡嬌豔或風情萬種女子。練習克制力及養成道德觀，免得外面女人介入，造成家庭風波。子女優秀。工作能力強。賺錢有一套，但要懂得儲蓄和置產，否則容易財來財去。

正官

年柱：祖德好，家境不錯，有一定的社會地位。女命容易有青梅竹馬戀人，或喜歡年長的男人。小時候蠻會念書，考運不錯。家教不錯。

月柱：考運好，升遷佳。入社會工作後，工作地位慢慢提升。很愛面子。女命為了愛甘願為對方付出心力，即便受了一身傷，因愛面子而絕口不提。

日柱：藏干正官，夫妻間重視家庭生活，配偶職業易為公職。男命配偶大家閨秀，女命跟青梅竹馬結婚機率大。

時柱：可往公家機關或政府單位機構謀職，升遷機會不錯。工作盡心盡責，職場上有好名聲。走老運，可享晚福。子女乖巧優秀，讀書成績好。易有貴子，成就非凡。

偏官（七殺）

年柱：小時健康狀況不佳，難教養。年幼時，愛出風頭，好動貪玩，不乏被長輩責罰打罵經驗。女命很早就有異性緣。年幼家境小康或不太好。

月柱：慷慨大方，花錢不懂節制。個性衝動，剛毅倔強。在乎職場上的地位名聲。女命容易早婚，追求者很多，美麗愛漂亮，脾氣嗆辣。

日柱：藏干偏官，配偶泰半脾氣不好，處事精明幹練，善交際人脈廣闊。

時柱：子女難教養，不易束縛管教，費盡父母心思。打拼事業的衝勁，無人能及，但常因壓力或不可抵抗之因素而挫敗，也因壓力沉重造成健康不佳。女命，很愛漂亮，桃花多。

正印

年柱：孝順父母，祖德好，繼承祖產機率大。年幼時與媽媽感情好。家中女性長輩權力較大。女命為父母的掌上明珠。為人中庸正派，慈悲心軟。有貴人襄助。

月柱：貴人運好，無論求學或工作都受到提攜幫助。入社會後，常接觸與宗教相關事務。

日柱：藏干正印，配偶心地善良，仁慈寬厚，性情成熟穩重，但主觀固執。

時柱：職場上，貴人提拔相助。有孝子賢孫，子女孝順懂得反哺。晚年修行，或吃齋唸佛，與宗教結緣。不愛思考，也不愛運動。

偏印（P）

年柱：父親異性緣好、桃花多，父母相處感情不融洽。易有雙姓祖先。命運多波折。年幼大多難養育，正式認乾爹乾媽，反而無災無害。

月柱：主觀意識，愛聽好話，易受朋友影響。唱反調，意見多。女命容易吸引已婚者追求，是否要當第三者，端看自己克制力。貴人小人多，口舌是非不少，容易被背叛。

日柱：藏干偏印，男命喜歡風韻十足的女人，注重床第間的契合，也容易姊弟戀。貴人小人一樣多。女命配偶個性倔強，掌控慾強。男女命晚婚佳。

時柱：工作易犯小人，是非多。常為子女煩惱，絕大部分是自尋煩惱。女命懷孕時，注意安胎養胎以防小產。隨著年紀增長卻越固執，很難改變自我想法。

身強身弱格局的判斷

八字命盤，身強者運勢較佳，足以任財官（正財與正官）；換言之，身強格局之人，妻財、運勢、官運、子息、福祿、社會地位容易得到，但比較不懂得珍惜。而身弱者運勢較弱，不足以任財官，也就是說，身弱格局之人，妻財、運勢、官運、子息、福祿、社會地位得來不易或得來辛苦，因此得到了想要的事物，比較會懂得珍惜。

命盤中的月令對日主來推論命主是身強格或身弱格，「我」就是日主，月令對日主是「生我」、「同我」即身強，月令對日主是「我生」、「我剋」、「剋我」即身弱；身強者走弱運，身弱者走強運。

身強足以任財官。

身強格

時	日	月	年
★	辛	★	★
★	★	酉	★

月令酉金對應日主辛金是同我—身強格

身強格

時	日	月	年
★	乙	★	★
★	★	亥	★

月令亥水對應日主乙木是生我—身強格

身弱不足以任財官。

身弱格

時	日	月	年
★	甲	★	★
★	★	巳	★

月令巳火對應日主甲木是我生—身弱格

身弱格

時	日	月	年
★	壬	★	★
★	★	午	★

月令午火對應日主壬水是我剋—身弱格

身弱格

時	日	月	年
★	己	★	★
★	★	卯	★

月令卯木對應日主己土是剋我—身弱格

〈十神生剋之關係〉

生我為正印、偏印。（生我為印P）（偏印也稱為P）

我生為食神、傷官。（我生為食傷）

剋我為正官、七殺。（剋我為官殺）（偏官也稱為七殺）

我剋為正財、偏財。（我剋為財才）

同我為比肩、劫財。（同我為比劫）

陽見陰，陰見陽：正印、傷官、正官、正財、劫財。
陽見陽，陰見陰：偏印、食神、七殺、偏財、比肩。
七殺制比肩，正官剋劫財。
比肩奪偏財，劫財奪正財。
偏財破偏印，正財破正印。
偏印制食神，正印制傷官。
食神制七殺，傷官剋正官。
偏印生比肩，正印生劫財。
比肩生食神，劫財生傷官。
食神生偏財，傷官生正財。
偏財生偏官，正財生正官。
七殺生偏印，正官生正印。

〈十神對照表〉

（左到右，橫向推論）

日干生剋	比肩	劫財	食神	傷官	偏財	正財	偏官	正官	偏印	正印
甲	甲	乙	丙	丁	戊	己	庚	辛	壬	癸
乙	乙	甲	丁	丙	己	戊	辛	庚	癸	壬
丙	丙	丁	戊	己	庚	辛	壬	癸	甲	乙
丁	丁	丙	己	戊	辛	庚	癸	壬	乙	甲
戊	戊	己	庚	辛	壬	癸	甲	乙	丙	丁
己	己	戊	辛	庚	癸	壬	乙	甲	丁	丙
庚	庚	辛	壬	癸	甲	乙	丙	丁	戊	己
辛	辛	庚	癸	壬	乙	甲	丁	丙	己	戊
壬	壬	癸	甲	乙	丙	丁	戊	己	庚	辛
癸	癸	壬	乙	甲	丁	丙	己	戊	辛	庚

〈十神也可看六親〉

比肩	劫財	食神	傷官	正財	偏財	正官	偏官	正印	偏印
兄弟 姊妹 朋友	兄弟 姊妹 朋友	岳父母 晚輩 部屬	祖母 晚輩 部屬	男／妻子 女／父親	男／父和妾 女／婚前：父 婚後：婆婆	男／女兒 女／丈夫	男／兒子 女／情人	母親	祖父 繼母 養母

逆轉勝小秘方★

「朝看花開滿樹紅，暮看花落樹還空；若將花比人間事，花與人間是一同。」──唐朝龍牙禪師寫了這句有名的詩偈，意在告訴人們世間沒有不變的永恆，就如同在朝陽看著五彩繽紛的花朵爭妍鬥麗，但在夕陽西下再去欣賞花朵時，也許花團錦簇芬芳不再，也一一凋零了。

每人從誕生那一刻起，就往自己的人生路途啟程，沒有來回票，也無法重來，很多人、事、物一去不復返，只剩真的回不去了！

人生，很多人、事、物的聚散離合，都是因緣所連結。因緣俱足，水到渠成，歡歡喜喜；因緣盡了，命亦隨滅，曲終人散。

人生旅途，任何人都會經歷酸甜苦辣、生老病死的循環，因此很多榮辱得失，不須太放在心上。

天地萬物，盛衰起伏交替，生活富裕順遂的人很有福報，為了幸福綿綿，請繼續加油努力，但順遂的您千萬要記得給人方便，給予別人信心希望，哪怕是一個微笑、一句好話，對失意喪志的人都是一種鼓勵。

山窮水盡疑無路，終柳暗花明又一村，生命各有生存之道，也會順勢找到出口。環境際遇差的人，請別垂頭喪氣，隨時鼓勵自己為自己加油打氣，加強自己在社會上的競爭條件，努力讓自己和家人過得幸福。

人生如戲，戲如人生，人情事故不必太過計較，能給予別人溫暖，或接受別人的提攜關懷，何嘗不是一種幸福？

春有百花秋有月，夏有涼風冬有雪，若無閒事掛心頭，便是人間好時節！

願大家日日是好日，幸福在心田！

八卦相傳是伏羲所造

第五勝

擁有健康，才有本錢往幸福啟航

神話故事一千零一夜中的〈阿拉丁與神燈〉，傳奇的故事內容是大家耳熟能詳，並明白可以實現願望的魔法神燈，是不存在世界上的。

現在假設，世上真有神奇的魔法神燈，幸運無比的您，歷經千辛萬苦擁有了魔法神燈，但神燈中的魔法精靈，只願意幫助擁有他的主人實現三個願望，聰明的您會許下哪三個願望呢？

想必大多數人，許下的三個願望，應該不外乎是金錢、事業、健康、豪宅、愛情、婚姻、美女、帥哥、家庭和樂等等，大概很少有人會將珍貴的三個願望，全許下自己的健康，以及家人的健康吧？

而若有人問，世間最痛苦的事情是什麼，大多數人回答的答案是：沒有錢！

是的，金錢雖不是萬能；但沒錢，的確萬萬不能。

擁有充裕富足的錢財，人生道路上走起來不但比較輕鬆，有時候，甚至走起路來還會有風。

其實，這個排序是錯誤的，世間最痛苦的事，不是沒有金錢，而是無法擁有健康的身體，造成生活不便。行動無法自如，苟延殘喘纏綿病榻，成為別人的負擔包袱，才是世間最痛苦的事！

殊不知，世上再也沒比身體健康，更重要的事了。

屢屢聽聞，很多人久病纏身，飽受病魔糾纏多年，為了恢復身體健康，不惜花下鉅資，到處求醫問診仍舊無效，求診之路不僅艱辛漫長，身、心、靈飽受磨難，不但導致身心俱疲，連帶的，身邊最親愛的家人、朋友，也跟著一起受苦磨難。

若本身擁有不虞匱乏的財力，老天爺也算厚待了，畢竟求醫問診之路，是以時間、金錢、人力、心力交瘁舖陳的一條艱辛漫長路。

假使，宿疾纏身的病人，本身沒財力，身邊又沒關心照顧的家人、朋友支持，除非他意志力過人，那麼恢復健康之路，會走得蹣跚崎嶇。

世上孝順父母的人很多，對伴侶不離不棄的人也很多。醫院中，多少生、老、病、死戲碼每天不斷上演，想必對於生病的長輩及伴侶，不聞不問的人也不少。

纏綿病榻的親情和愛情，有時是最經不起現實生活的考驗，否則也不會有這句「久病床前無孝子」的諺語流傳至今。

每人都希望自己好運旺旺來，卻不明白健康才是幸福的基本保障，即便好運來臨，也要有健康的身體才能歡喜迎接，沒有健康的身體為屏障，大吉大利的運勢來敲門，也只不過是船過水無痕。

預防勝於治療，了解潛在病因

人吃五穀雜糧，難免會生病，尤其是在醫學科技突飛猛進的21世紀，許多文明病也像快速發展的醫學科技，如雨後春筍般的一一出現。現代人生活壓力大，每天幾乎處在高壓狀態和時間角力賽。油價、電價、原物料上漲的壓力指數，股票期貨漲幅、公司業績、工作進度、家人朋友相處磨合的壓力；舉凡，說得出口的各種現象狀況，都有壓力存在著。既然無處不壓力，那麼更要好好調養身體，挹注更多讓自己的健康元素和養生方法，來保障幸福之本。

就發達的西醫而言，生病了就是到醫院或診所就診，胃部疼通消化不良就看腸胃科，心臟隱隱作痛就掛心臟內科，哪裡病了、痛了，就請往分工精細的專科掛號就診，醫院診所中，有許多精密儀器來檢查患者病痛的原因，專業醫師會妙手回春，讓病患慢慢恢復健康。

因此，我們知道西醫治療的是已產生的病，但就中醫而言，中醫真正厲害之處是治療未病，也就是潛在或尚未發生的疾病，換句話說，有些病是可避免的。

預防勝於治療！

只要我們在日常生活中，慢慢調理已發生的病症，均衡飲食和運動，好好管理情緒養生保健，再多的病因就自然不會發生。

而古代命理學家非常了得，發明四柱八字時早已神機妙算，根據每人與生俱來的五行局，將潛在或可能發生的病因都算了進去。

分享一個命盤，即可實證，四柱八字推算是多麼奧妙高深。

祖德不錯的D先生，是個心地善良的夜班司機，共同和哥哥、姊姊、弟弟繼承了幾間房子和地產。不愛運動，也不注重養生保健的D先生，平時沒什麼交際應酬，唯一興趣就是喝喝小酒，每天嚼一到兩包檳榔，D先生資料如下：

簡易命盤

四柱	年	月	日	時
主星	★★	正財	命主（日主）	傷官
天干	★	壬	己	庚
地支	★	辰	亥	辰

＊D先生不願公開年柱，故年柱天干地支不標明＊

日主天干為己土的D先生，挑食的他，身形瘦削頎長，自小腸胃不佳消化不良，加上開夜車關係，日夜顛倒的作息，導致三餐飲食不正常，腸胃不適不願就醫的他，總是草率的買了成藥吞服，一天只進食一餐，算家常便飯。

個性沉悶保守的包租公D先生，心底常暗暗怨懟，抱怨祖產繼承分配不公，常藉著幾杯黃湯下肚裝瘋賣傻，大鬧家產分配不均，如此過了多年，直到最近，D先生健康亮起紅燈，赴醫就診的他才知道自己罹患食道癌，晴天霹靂從天而降，為了活下去，D先生也只能打起精神，堅強面對痛苦的化療，如今也已出院慢慢調養中。

時柱傷官，中晚年本就要注意身體健康，平時，D先生若願意好好照顧自己健康，食道癌不一定會找上他。

而日主天干己土之人，本就潛藏著脾臟和腹部等問題，辰月所生，八字五行局土庫太多之人（D先生年支也是土庫），也隱隱潛藏腸胃、身體左右兩邊上肢到肩膀等問題。

在中醫上，脾臟之氣開竅於口，而脾臟又有統攝人體血液淋巴功能，脾臟又和胃相表裡，胃部上接食道，下接十二指腸，主要功能並非吸收，而是將咀嚼過的食物研磨分解成較小分子，以利腸道完成吸收功能。

飲食不均衡，生活作息不正常的D先生，腸胃功能本不佳，加上不愛運動，酒精和檳榔長期摧殘健康，脾臟、胃臟出了問題不足為奇，而己土之人本質矛盾複雜，會有暗自神傷怨懟的行為舉止，但長久的積怨，不過是傷害自己罷了，受怨氣衝擊最大的臟腑莫過於胃部，而後衍生出的食道癌發作，其實說穿了，都是自己的一連串脫軌行為，間接引動產生出來。

倘若，時間能倒流，D先生當初願意聽親人、朋友勸告，飲食均衡，生活作息盡量正常，並且戒掉酗酒和吃檳榔的不良習慣，也許今天就不必飽受化療之苦，以及生命力漸漸消失的煎熬。

世間事，沒錢的確萬萬不能；有錢也並非萬萬都能。至少，千金就難買早知道以及後悔藥。

假使，願意坦誠面對自己的D先生，明白自己才是癌症的罪魁禍首，想必午夜夢迴中，必然懊惱萬分，因為再多的不動產和現金，永遠買不回他的健康和割掉的臟腑器官！

衷心祝福大病初癒的D先生，就此揮別負面過去，正面開朗迎向新人生！

杜絕未病，從日主天干著手

預防勝於治療，為了杜絕未病，可從自己命盤中的日主天干，推斷人體許多潛在病因，如果幸運的您沒有這些徵兆，先恭喜您，請繼續好好養生保持健康，假設這些徵兆隱約出現了，也建議您到醫院做健康檢查，配合專業醫生診斷醫療，恢復健康。

以日主天干，可分甲、乙、丙、丁、戊、己、庚、辛、壬、癸等十天干，潛在的臟腑病因和身體部位對應關係如下：

〈十天干與臟腑對應關係〉

十天干	甲	乙	丙	丁	戊	己	庚	辛	壬	癸
陰陽分別	陽	陰	陽	陰	陽	陰	陽	陰	陽	陰
五行所屬	木	木	火	火	土	土	金	金	水	水
臟腑關係	膽	肝	小腸、三焦	心、心包	胃	脾	大腸	肺	膀胱	腎
戒	傷肝戒怒	傷肝戒怒	傷心戒根	傷心戒根	傷胃戒怨	傷胃戒怨	傷肺戒惱	傷肺戒惱	傷腎戒煩	傷腎戒煩

上焦：橫膈以上、胸部到頭部、臉部、上肢，包括其內臟腑。

中焦：橫膈以下、胸部到肚臍以上，包括其內所有臟腑。

下焦：肚臍以下到腹部底端，包括其內所有臟腑。

日主甲木，陽天干

日主為甲木之人，企圖心強，容易發怒，注意膽和頭方面的疾病，戒怒，免得傷肝，宜取定。

日主乙木，陰天干

日主為乙木之人，勞心勞力，容易發怒，注意肝臟和頸部痠痛的毛病，戒怒，免得傷肝，宜取定。

日主丙火，陽天干

日主為丙火之人，熱心熱忱，容易記恨，注意小腸三焦以及肩膀痠痛、血壓、眼睛問題，戒恨，免得傷心，宜取靜。

日主丁火，陰天干

日主為丁火之人，內心澎湃不善於表達，容易記恨，注意心、心包、血管及血壓、眼睛等疾病，戒恨免得傷心，宜取靜。

日主戊土，陽天干

日主為戊土之人，自信心強，卻容易抱怨，注意胃部、兩脅（身體兩側軀幹，從腋下到肋骨根部）等疾病，戒怨，免得傷腸胃，宜取安。

日主己土，陰天干

日主為己土之人，矛盾沒安全感，容易怨懟，注意脾臟、腹部方面的疾病，戒怨，免得傷腸胃，宜取安。

日主庚金，陽天干

日主為庚金之人，義氣勇敢，容易惱怒，注意大腸和臍部方面等毛病，戒惱，免得傷肺、支氣管、呼吸道、筋骨、腸道、皮膚問題，宜取慮。

日主辛金，陰天干

日主為辛金之人，剛毅上進，容易惱火，注意肺和屁股部位方面的毛病，戒惱，免得傷肺、支氣管、呼吸道、筋骨、腸道、皮膚問題，宜取慮。

日主壬水，陽天干

日主為壬水之人，才智大器，容易煩躁，注意膀胱、小腿後側脛神經方面等毛病，戒煩，免得傷腎、膀胱，宜取得。（婦女注意生殖系統調理）

日主癸水，陰天干

日主為癸水之人，聰明靈巧，容易煩躁，注意腎臟、兩足方面等毛病，戒煩，免得傷腎、膀胱，宜取得。（婦女注意生殖系統調理）

科技文明進步，現代人擁有很多資源，但擁有的生活壓力也不少。煩惱多、雜事多、公事多、考試多、爭吵多、身體毛病多，惶惶不可終日的人也多多！

《大學》經一章：「大學之道，在明明德，在親民，在止於至善。知止而後有定，定而後能靜，靜而後能安，安而後能慮，慮而後能得。物有本末，事有終始，知所先後，則近道矣。」

儒家經典四書之一的《大學》，告訴人們偉大的哲理「定、靜、安、慮、得」，是做人處事最根本的態度道理，命理祖師爺也明白的告知這些道理，在十天干的五行運轉中相呼應。

知止而後定，所謂的定，是種閒適悠然的淡定和沉靜力量。靜，意指寧靜致遠安之若素，不浮躁妄動。安，無論在何方，安然自在，從從容容。慮，處事作風思慮周詳，明辨善惡是非真偽。得，得其智慧圓滿，恢復心性原本的樸實淳厚。

倘若心的方向和行為漸漸修正，那麼即便天干五行生剋來呼應，文明病也會日益漸少。

保健養生，月柱地支也可判斷

以月令地支推斷人體許多潛在病因，以下是E先生的命盤，E先生只願意公開健康方面的問題，提供讀者學習參考。

日主天干為癸，應變能力強，水主智慧，日主天干為壬水、癸水之人，其實聰明無比，尤其是日主天干為癸水，聰明機智過人，善於隱藏。日主癸干，用腦過多，容易煩躁，平時要多注意腎臟、膀胱、泌尿系統、子宮、卵巢等生殖器官保養，而整個八字中，水太多也是其中病因之一。

月令地支為戌，戌為陽土也蘊含金，是身弱格，也具雙重個性，陽土較燥，戌月所生之人，忠心耿直，固執古板不懂變通，因此發起脾氣來頗有氣勢。月柱地支為戌，心包容易產生問題，而心包就是心臟外面的包膜，用來保護心臟，因此月支為戌，還是心情放輕鬆，少發脾氣為妙。

現實生活中，E先生下腹部的泌尿系統出了問題，開過刀，又有家族遺傳的心臟毛病，服用心臟方面的用藥長達多年，也造成腎功能和泌尿系統不佳，幸好近年注重養生保健的E先生，調整飲食也勤運動，年年到醫院做全身健康檢查，小病小痛雖有，還不至於產生大問題。

簡易八字命盤

四柱	年	月	日	時
主星	比肩	劫財	命主（日主）	食神
天干	癸	壬	癸	乙
地支	巳	戌	巳	卯

而以十二地支，可分子、丑、寅、卯、辰、巳、午、未、申、酉、戌、亥等十二地支，潛在的臟腑病因和身體經絡對應關係如下：

《十二地支與臟腑對應關係》

十二地支	寅	卯	辰	巳	午	未	申	酉	戌	亥	子	丑
陰陽分別	陽	陰	陽	陰	陽	陰	陽	陰	陽	陰	陽	陰
五行所屬	木	木	土	火	火	土	金	金	土	水	水	土
農曆月份	1	2	3	4	5	6	7	8	9	10	11	12
臟腑關係	肺	大腸	胃	脾	心	小腸	膀胱	腎	心包	三焦	膽	肝
時辰範圍	03-05	05-07	07-09	09-11	11-13	13-15	15-17	17-19	19-21	21-23	23-01	01-03
經絡對應	肺經	大腸經	胃經	脾經	心經	小腸經	膀胱經	腎經	心包經	三焦經	膽經	肝經

保健養生，月柱地支也可判斷

上焦：橫膈以上，胸部到頭部、臉部、上肢，包括其內臟腑。

中焦：橫膈以下、胸部到肚臍以上，包括其內臟腑。

下焦：肚臍以下到腹底部，包括其內臟腑。

（十二地支與身體部位之關係又曰：午頭巳未兩肩均，左右二膊是辰申，卯酉雙脅寅戌腿，丑亥屬腳子為陰。）

健康為幸福之本，透過與生俱來的月令地支，可預防未病，也可積極醫治已產生的病症，健康和每人熱切關心的運勢息息相關，如果真有以下敘述的問題，也請到醫院就醫檢查。

子，鼠，陽水，農曆11月，請注意膽和泌尿系統的疾病

臟腑對應關係是膽，子時是凌晨23點到1點，當令值班經絡為膽經。晚上23點到凌晨1點，盡量要休息睡覺，這時段膽經當令，身體正運作新陳代謝細胞分裂工作，所

以這時段盡量早一點休息，好好的養護陽氣，避免熬夜和吃宵夜，子時若能有好睡眠，真的贏過吃任何補藥！

丑，牛，陰土，農曆12月，請注意肝和腳的疾病

臟腑對應關係是肝，丑時是凌晨1點到3點，當令值班經絡為肝經。凌晨1點到3點，最好進入熟睡期，這時段肝經當令，就中醫觀點，肝臟主氣血，短短的2個小時，身體正運行著造血工作，晚上23點到凌晨3點時，也是體內代謝和造血功能最佳運作時段，只要達到深度睡眠，氣血不會虧損，情緒就會穩定。有句廣告台詞也說：「肝要是不好，人生是黑白的，肝若是好，人生是彩色的。」所以，好好保養自己的小心肝吧！

寅，虎，陽木，農曆1月，請注意肺和腿的疾病

臟腑對應關係是肺，寅時是凌晨3點到5點，當令值班經絡為肺經。凌晨3點到5點，人體正深度睡眠著，因肺經當令，主呼吸運作。這時段，若熬夜的人切記不要抽

菸，會嚴重傷害肺部氣管。而寅月是每年農曆月份的開端，寅時也是一天陽氣的開端，所以切記守護陽氣，迎接嶄新的一天。

卯，兔，陰木，農曆2月，請注意大腸和身體兩側，從腋下到肋骨處的疾病

臟腑對應關係是大腸，卯時是早上5點到7點，當令值班經絡為大腸經。就中醫觀點，肺與大腸相表裡，卯時若能早起喝一杯約500CC的溫開水，促進大腸蠕動，養成早上排便清腸道的習慣，毒素就不會在體內腸道滯留太久。

辰，龍，陽土，農曆3月，請注意胃及上肢，靠近肩膀的疾病

臟腑對應關係是胃，辰時是早上7點到9點，當令值班經絡為胃經。一日之計在於晨，當腸道清理了，子時到卯時的睡眠，讓人體有了充分休息。這時，沒有食物可消耗的胃部需要餵養，所以晨起一定要吃早餐，才能提供身體充足養分，迎接新的一天，而早餐最好盡量避免喝冷飲和吃冰涼食物，熱為陽，涼為陰，切忌在一大早就損傷胃氣。

巳，蛇，陰火，農曆4月，請注意脾臟和肩膀的疾病

臟腑對應關係是脾，巳時是上午9點到11點，當令值班經絡為脾經。這時刻，早上享用的豐富早餐，已在胃部消化分解，接著輪到脾經運作。這時，可以多喝水，幫助脾經運作，讓體內養分來滋養人體。因此上午9點到11點，人體精力充沛思路清晰穩定，可迎接工作的任何挑戰。

午，馬，陽火，農曆5月，請注意心臟和頭部的疾病

臟腑對應關係是心，午時是中午11點到13點，當令值班經絡為心經。心臟就像一台推動機器運作的馬達，也是推動體內血液的原動力，中午時刻陽氣旺盛，溫度相對的比較高，尤其是盛夏午後，溫度高得嚇人，用完餐，若能休息片刻最好。當然，有時間能在這時刻靜坐養生，更加適宜，因為道家所說的子午溫養，就是利用子時和午時，天地之氣轉換的契機，來打通任脈及督脈養氣養生，而無法靜坐養生的人，就請稍作休息

片刻，下午工作時，又是活龍一條。

未，羊，陰土，農曆6月，請注意小腸和肩膀的疾病

臟腑對應關係是小腸，未時是下午13點到15點，當令值班經絡為小腸經。中餐吃得好，休息片刻後，換主消化吸收的小腸登場了，由此得知心臟和小腸是相表裡的互動關係，為了讓人體充分吸收消化養分，中餐吃得營養也不宜過晚進食，才能精神抖擻，神采奕奕挑戰下午的工作。

申，猴，陽金，農曆7月，請注意膀胱和左右兩個胳膊的疾病

臟腑對應關係是膀胱，申時是下午15點到17點，當令值班經絡為膀胱經。腎與膀胱24小時中，都有密不可分的運作關係，小腸吸收消化完養分後，這時不需要的水液就貯藏到膀胱，到達一定程度就排出體外，而膀胱經最活絡的申時，可以多喝水，幫助膀

胱經排毒運作，排出尿液。

酉，雞，陰金，農曆8月，請注意腎臟和腋下的疾病

臟腑對應關係是腎，酉時是黃昏17點到19點，當令值班經絡為腎經。腎主人體排毒、生長、生殖功能，腎氣通於耳，所以腎氣充足，耳力也會相當好，腎與膀胱關係又非常密切，統合體內廢液進入膀胱，排出體外。酉時時分，忙了一天的工作，該是享用晚餐的時刻，更要注意養足腎氣，補足充分的元氣。

戌，狗，陽土，農曆9月，請注意心包及腿的疾病

臟腑對應關係是心包，戌時是晚上19點到21點，當令值班經絡為心包經。心臟外面的包膜稱心包，也叫心包膜，用來保護心臟，減少心臟壓力。此刻，是人體放鬆時刻，所以要保持心情愉快，才不會心情鬱悶，在胸中產生悶氣，造成心神不寧，或是胃脹氣。

亥，豬，陰水，農曆10月，請注意三焦和腳的疾病

臟腑對應關係是三焦，亥時是晚上21點到23點，當令值班經絡為三焦經。辛勤的忙碌了一天，晚上21點到23點需要放下所有煩躁思緒，讓每天運作的三焦經放鬆早點休息，醞釀睡意，儲備明天需要的能量。

〈十天干與臟腑對應關係〉

十天干	甲	乙	丙	丁	戊	己	庚	辛	壬	癸
陰陽分別	陽	陰	陽	陰	陽	陰	陽	陰	陽	陰
五行所屬	木	木	火	火	土	土	金	金	水	水
臟腑關係	膽	肝	小腸三焦	心、心包	胃	脾	大腸	肺	膀胱	腎
戒	傷肝戒怒	傷肝戒怒	傷心戒根	傷心戒根	傷胃戒怨	傷胃戒怨	傷肺戒惱	傷肺戒惱	傷腎戒煩	傷腎戒煩

上焦：橫膈膜以上、胸部到頭部、面部、上肢，包括其內臟腑。

中焦：橫膈膜以下、胸部到肚臍以上，包括其內所有臟腑。

下焦：肚臍以下到腹部底端，包括其內所有臟腑。

〈十二地支與臟腑對應關係〉

十二地支	寅	卯	辰	巳	午	未	申	酉	戌	亥	子	丑
陰陽分別	陽	陰	陽	陰	陽	陰	陽	陰	陽	陰	陽	陰
五行所屬	木	木	土	火	火	土	金	金	土	水	水	土
農曆月份	1	2	3	4	5	6	7	8	9	10	11	12
臟腑關係	肺	大腸	胃	脾	心	小腸	膀胱	腎	心包	三焦	膽	肝
時辰範圍	03-05	05-07	07-09	09-11	11-13	13-15	15-17	17-19	19-21	21-23	23-01	01-03
經絡對應	肺經	大腸經	胃經	脾經	心經	小腸經	膀胱經	腎經	心包經	三焦經	膽經	肝經

上焦：橫膈以上、胸部到頭部、面部、上肢，包括其內臟腑。

中焦：橫膈以下、胸部到肚臍以上，包括其內臟腑。

下焦：肚臍以下到腹底部，包括其內臟腑。

逆轉勝小秘方★

無常和明天誰先到，任誰都不知道。所以，有人便說做人不必那麼累，不需辛苦努力，只要快樂逍遙，甚至擺爛就好。

那麼，倘若老天爺對您很厚愛，日後的幾十年中，就只讓明天先來報到。試問，周遭人、事、物的層次都成長了，怠惰擺爛的觀念，您是否還覺得理直氣壯？

證嚴上人開示過：無常是未知數，不是消極，是積極有所作為，無常也是要警惕人們把握當下，不要造業，把握時間好好做事。

生命長短，不是人們所能掌握，但面對未來，態度精進積極，身體健康，心境開朗，只要您願意改變，是可以掌握的。

健康為財富之本，養生保健，是大家要努力一輩子的事，而養生完全靠自己的恆心毅力。

就日常生活中，養生的幾個概念觀點，提供大家參考：

（1）規律的生活作息，盡量避免長期熬夜，養成每週至少運動5天，每次運動至少30分鐘，走路、氣功、瑜伽、騎腳踏車、游泳、打球、跳舞都是不錯的運動。

（2）健康營養的飲食：台灣是美麗的寶島，有很多豐富美味營養的食材，食用當節當令、抗氧化、高纖維的食物，多喝水促進身體新陳代謝，減少脂肪與碳水化合物攝取，飲食中盡量少油、少鹽、少糖以免增加臟腑運作的負擔，過度的精緻美食，不過是提早讓身體產生毛病而已。

（3）改變不良生活習慣：菸與酒是健康的駭客，賭博和風月場所是幸福的殺手。

（4）定期身體健康檢查：預防勝於治療，及早發現及早治療。

（5）養精蓄銳身心愉快：許多文明病源自壓力，適度紓解壓力，看淡煩憂，養精蓄銳，好好經營自己的人生，身、心、靈開朗健康！

八卦相傳是伏羲所造

八卦源於中國古

第六勝

緣聚則成，緣散則滅

「明月幾時有？把酒問青天，不知天上宮闕，今夕是何年？我欲乘風歸去，惟恐瓊樓玉宇，高處不勝寒。起舞弄清影，何似在人間。轉朱閣，低綺戶，照無眠。不應有恨，何事常向別時圓？人有悲歡離合，月有陰晴圓缺，此事古難全。但願人長久，千里共嬋娟。」

這一首流傳千古至今的水調歌頭，是鼎鼎大名的北宋文豪蘇東坡（蘇軾）的經典創作之一。暢飲美酒的蘇東坡藉著中秋月圓，抒發沉痛情懷和思念手足之情，意境深遠豪邁飄逸，也寫出不可思議的人生哲理。

人有悲歡離合，月有陰晴圓缺，奧妙的八字推論，也演繹出人生劇本的悲歡離合陰晴圓缺。

明月如佛性，映照著人們，但人們最初最美的清淨心，因現實生活中過多的慾望、奢求、貪念、比較而蒙上塵埃，生活豈不負累？生命的美麗，是源自生命本身的努力而活得豐富燦爛，自助後，獲得人助天助，才擁有幸福成功。

千山同一月，萬戶盡皆春，千江有水千江月，萬里無雲萬里天！

緣聚則成，緣散則滅，若深刻了解許多人生哲理，試問在同一個宇宙生活的人們，還需要分身分地位的高低嗎？

地支也可推論吉凶禍福

日常生活中，常聽到有人打探對方生肖與自己合不合，再來取決於是否要和對方深交，或者經營事業合作。這大數法則的確有其準確性，但四柱地支推論比單一生肖論斷來得準確，不管為何，自己還是要先了解自己，趨吉避凶掌握運勢，讓命運隨著自己改變而轉變，這比什麼都還要務實！

況且，沒有一件事，當下可論其絕對的對和錯，屬於自己的永遠跑不掉，不是屬於自己的永遠追不到，即便用盡手段擁有，最終還是會失去，用心穩住自己腳步，開心做自己，愜意又自在。

奧妙的八字，可演繹出精彩的人生劇本，除了從天干和十神中推論運勢，也可從四柱中的地支，得知人生中的悲歡離合吉凶禍福。

以下是Ｆ小姐的命盤，從四柱地支中的五行生剋，產生「刑沖會合害」的變化，提供讀者學習參考，而產生「刑沖會合害」的變化，也是推論運勢的重點。

簡易八字命盤

時	日	月	年	四柱
正印	命主（日主）	劫財	比肩	主星
丙	己	戊	己	天干
寅	卯	辰	酉	地支
劫財 正印 正官	七殺	偏才 七殺 劫財	食神	副星

日主天干為己的F小姐，個性看似好溝通，但在某些事情的見解和處理方式，聽不進他人的意見，但妙的是F小姐喜歡東問西問，卻不見得會採納別人的建議，處理事

情方式最後還是依自己的定見。Ｆ小姐家中經濟不甚良好，乖巧的她孝順父母，尤其和母親感情特別好，且會分擔家中生活費用開銷。

月柱地支為辰，月柱劫財的Ｆ小姐，在家中雖不是長女，但作風強勢很愛面子，手足之間有任何問題，只要她能力所及，總是義無反顧去支持兄弟姊妹，久而久之，Ｆ小姐也成了手足之間的提款機。

人緣交際手腕好的Ｆ小姐情路坎坷，所遇非人的她常在無意中淪為第三者，或者遇到交遊廣闊脾氣暴躁的情場浪子，天性矛盾的Ｆ小姐痛苦不能自拔，幸好命盤中的比肩劫財，分割掉Ｆ小姐的經濟和感情，正印的仁慈寬厚和清高自負消弭了她當小三的念頭，讓她及時踩煞車，沒真正破壞別人的家庭幸福。

Ｆ小姐命盤的月支和年支為辰酉合，現實生活中，Ｆ小姐和媽媽感情特別好，舉凡大小事都不忘問媽媽意見，但母女倆卻愛拌嘴鬥氣，辰酉合金局，土天生是要來生金，因此日主天干己土的Ｆ小姐，雖常和媽媽鬥氣吵架，但最後還是不得不妥協於媽媽。

Ｆ小姐面臨生活林林總總的挑戰，雖偶爾沮喪，但傷心過後立即堅強以對，日支和月支帶給她的卯辰害，會吸引和她專門練口才的異性，吵架與意見相歧是家常便飯，反正氣死人也不用償命。

現實生活中，對於愛情，F小姐總是屢敗屢戰，也常墜入情網，但相愛容易相處難，在一起之後，雙方的生活價值觀總是南轅北轍。

而F小姐的兄弟手足對她而言，實質上也沒多大幫助，反倒是F小姐，她才是手足們的貴人，卻愛碎唸手足們對她的沒情義。歡喜做甘願受，施比受更有福，還是轉換心態正向思考，對人生才有正面幫助！

綜觀所論，地支推論事情吉凶禍福，準確度很高，學以致用趨吉避凶將會一把罩！

地支演繹出人生的美麗與哀愁

人和人之間的連結以及許多對待關係，都是因緣際會，因緣聚合所致，緣聚則成，緣散則滅。

人來到世間，命運不相同，精彩度、豐富度當然也不同，人生的美麗與哀愁也是冷暖自知，所以任誰也不必羨慕誰，因為舉凡是人都愛妝點門面粉飾太平，也不會將痛楚和受傷的內心攤在陽光下，讓別人檢視他。

千山同一月，夜幕下的萬家燈火，宛若夜裡星兒閃爍，而燈火中，也訴說著門裡門外不同的故事，更有不便向外人道的酸楚。

但是，我們可以選擇做自己的主人，努力做自己生命中的主角，不是別人生命中來來去去的過客，人生的美麗與哀愁，就讓地支五行生剋的演繹，告訴您如何順應和轉變，慢慢的讓健康、快樂、平安和您如影隨形，演繹出您精彩的人生！

〈地支三會〉

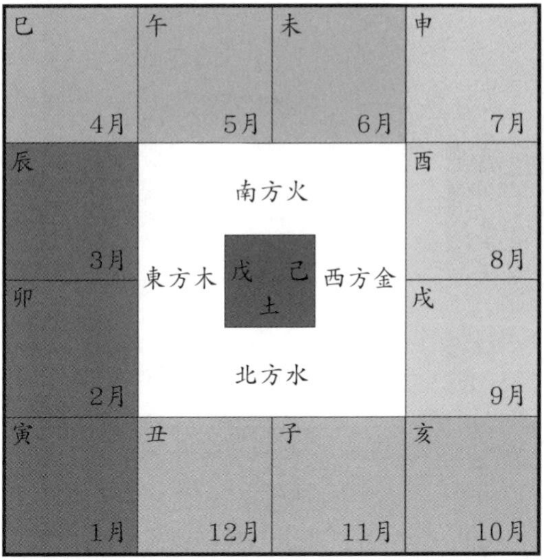

地支三會

寅卯辰會東方木（123月）

巳午未會南方火（456月）

申酉戌會西方金（7 8 9月）

亥子丑會北方水（10 11 12月）

土藏於四季

〈地支三合〉

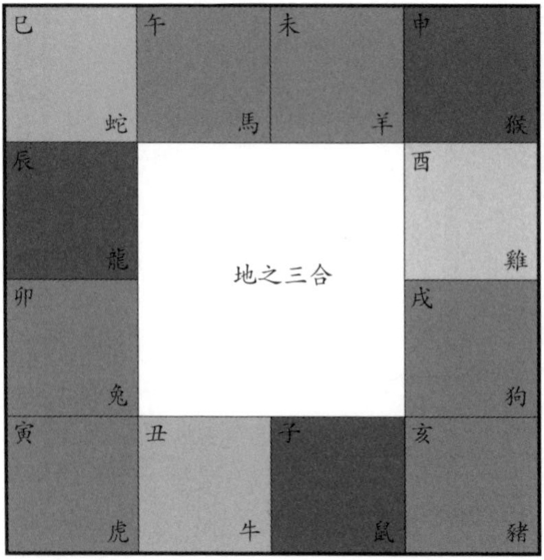

三合：喜劇，守成，好溝通，好結果。（若三合中出現2個地支算半合）

申子辰合水局：生在申，旺在子，庫在辰

冷靜，智慧，多元，自私，漠然，置身事外，內心起伏變化大。

巳酉丑合金局：生在巳，旺在酉，庫在丑

嚴肅冷酷，包裝自己，口條好，口出蓮花，血光，主導性強，愛指揮別人。

寅午戌合火局：生在寅，旺在午，庫在戌

熱情如火，天馬行空，做事三分鐘熱度，急驚風，行動效率之快但卻虎頭蛇尾。

亥卯未合木局：生在亥，旺在卯，庫在未

心腸軟，很慈悲，愛幻想，與現實脫節，很會計畫，思多行少。

生肖之三合：猴鼠龍合，蛇雞牛合，虎馬狗合，豬兔羊合。

巳酉丑合金局

時	日	月	年
★	★	★	★
★	酉	巳	★

月支巳，日支酉，此命主農曆巳月生，日主地支為酉，基本上，夫妻相處融洽，會在乎另一半的想法，事業上也自有定見，很會行銷包裝自己，打點門面，主導性強，若是逢丑年或丑月，或遇到對方地支有丑，且和本身有密切關係連結，就成了巳酉丑金局，只要天時、地利、人和，成就某事的成功機率大，但要注意血光之災和不小心的意外。

寅午戌合火局

年	月	日	時
★	★	★	★
寅	★	★	★

年	月	日	時
★	★	★	★
午	★	★	★

年	月	日	時
★	★	★	★
戌	★	★	★

假設生肖虎、馬、狗三人，想合夥創業，寅午戌雖合火局，但卻是火爆有餘熱情不足，急性子的行動派；工作創業單憑生肖合不合，想法太狹隘，因為事業體主打的產品能否因應市場需求、市場競爭力、個人的專業和處理事情態度、三人創業的理念、是否能專司其職發揮所長，以及準備的週轉金夠不夠等問題，這些條件才是能否一起創業的重點，生肖的合不合，不過是補強的原因之一，千萬不要落入迷思中。

〈地支六合〉

巳 蛇	午 馬	未 羊	申 猴
辰 龍	地支六合		酉 雞
卯 兔			戌 狗
寅 虎	丑 牛	子 鼠	亥 豬

六合：喜劇

優點：和諧，合作，同心，容易溝通，收成。

缺點：依賴，沒主見。

子丑合土

寅亥合木
卯戌合火
辰酉合金
巳申合水
午未合火

・**生肖六合**：鼠牛合，虎豬合，兔狗合，龍雞合，蛇猴合，馬羊合。

寅亥合

時	日	月	年
★	★	★	★
亥	寅	★	★

寅亥合木，亥水灌溉著寅木，亥水雖內心脆弱但卻很有智慧，認定的人、事、物

必始終如一；寅木是縱橫山林、愛好自由的衝動派，日主座下的寅配上時支的亥，宛若天造地設的一對好伴侶，相對的，此盤的配偶會支持命主本身的事業，隨時扮演一個好丈夫或好太太角色，是個強勢的狠角色。

午未合火

時	日	月	年
★	★	★	★
★	★	★	午

時	日	月	年
★	★	★	★
★	★	★	未

午未合火，生肖馬和生肖羊若能做好朋友，可以說是焦不離孟，孟不離焦，但意見相歧爭吵起來也是誰也不讓誰，火爆程度不分軒輊；火爆馬配上火土雙重個性的羊兒，生活精彩度的確有夠瞧！

〈地支六衝〉

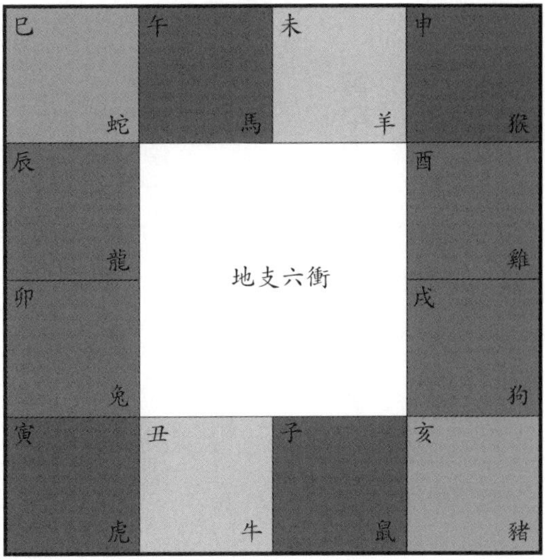

六衝：愛恨交織的連續劇，逢衝必動，比如搬家、事業工作變動。

註：八字命理相關的古文經典中，明白闡述十二地支相沖產生的蝴蝶效應。而地支受到太歲來襲的激盪，或是命主本身命盤的地支衝擊，古文用法以「沖」字敘述，內文解釋部分也以「衝」字表達，比如互為對峙、衝擊、衝突、衝動、衝勁之意的「子午相沖」。因之，此書關於「地支六沖」，筆者皆以「地支六衝」表示。

優點：積極，開創，衝擊，衝勁，執行力，能力強。

缺點：易怒，衝動，反目成仇，意見分歧。

子午衝：桃花多，人緣好，勢均力敵水火不容，極端反覆，雙重個性。子與午，分別為子夜和烈日午後，南轅北轍之故，因此脾氣不好情緒不穩，腦神經容易衰弱，睡眠品質不佳，子午衝之人容貌俊逸秀麗。

丑未衝：主觀固執，過度自信，口角是非多，愛問為什麼，追根究底，鐵齒族，愛鑽牛角尖，庫衝開，花費開銷多，錢財流失機會大。

寅申衝：很正面但卻意氣用事，勞碌奔波，易有車關，愛開快車和罰單有緣，自立自強，與家人較沒緣，大起大落。

卯酉衝：桃花多，異性緣好，第六感強，精神潔癖，敏感龜毛，情緒不穩，易受阿飄近身干擾，最好別進陰廟，禮佛拜拜最好到香火鼎盛的大廟。

辰戌衝：鐵齒族，好鬥好辯、好訴訟，能力強，口才好，野心大，藉口理由很多，自圓其說高手。注意婚姻經營。庫衝開，錢財容易流失，事業也要注意。紓發暴躁情緒不要過了頭。

巳亥衝：業務高手，好辯不服輸，口舌之災，易有車關，開車喜歡蛇行或鑽巷弄。

子午衝

年	月	日	時
★	★	★	★
★	子	★	午

子午衝，也是桃花衝，人緣好桃花多，容貌秀麗不凡。

月支為子，子屬水，反應機靈善於保護自己，對事情的決定常舉棋不定，時支為午火，時柱又代表子息、工作、人際關係、員工部屬之關係，可見命主本人的子午衝必定和剛剛所述有關聯，子午衝帶來的衝擊，雖帶來活力，但也惱得命主本身脾氣欠佳，情緒不穩。

辰戌衝

時	日	月	年
★	★	★	★
★	★	辰	★

時	日	月	年
★	★	★	★
★	★	戌	★

所謂的六衝，不是單一指命盤本身的衝，兩盤之相對的衝也算。

辰戌衝，鐵齒一族，脾氣個性不太好，好鬥好辯，能力強野心大，自圓其說之高手。月支為辰對應另一盤月支為戌，月支代表內在特性，辰喜歡當老大，好面子很自負，多才多藝，喜歡被尊重和聽好話，主觀意識也比較強。戌也想當老大，率性忠心，善良固執很自我，重信用重感情，但卻古板制式不易變通。辰戌所在的十二地支位置為對角線，兩個我執很重的老大對嗆，產生對立的能量當然也不同凡響！

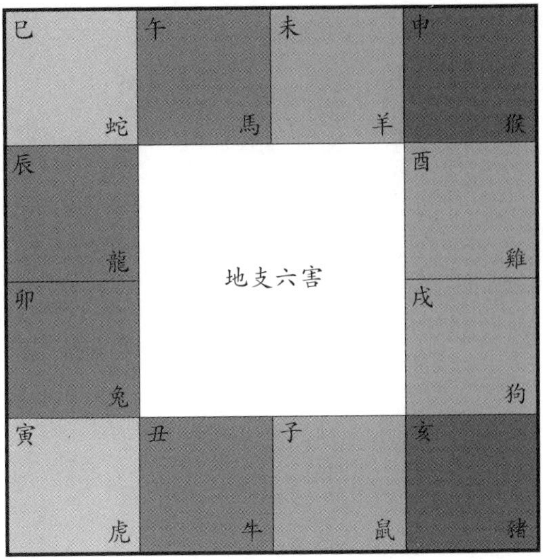

〈地支六害〉

六害：悲歡離合，紛紛擾擾的連續劇。

變數，分離，沒收成，吵架，不合，緣份薄，貌合神離，生離死別。

子未害：做事優柔寡斷，舉棋不定，互相要求，見面無言以對，血光之災，易犯官司小人，貌合神離半句話也嫌多。

羊鼠相逢一旦休。

丑午害：個性急躁，多讚美，容易發火，脾氣差，愛生氣。

從來白馬怕青牛。

寅巳害：相見不如懷念，付出再多也是無恩情，是非口角多，好辯好爭論，冷酷無情置身事外。

蛇逢猛虎如刀截。

申亥害：是非口角多，容易犯小人，相處時易有恐嚇語調或命令語氣，見面時愛爭吵甚至恨不得彼此廝殺，相互不見時又暗暗想念，非常的自虐。

豬見猿猴似箭投。

卯辰害：思想差異大，南轅北轍沒交集，摩擦多，手足較無助益。

玉兔見龍雲裡去。

酉戌害：人生起起浮浮，容易被近親或是朋友傷害，夫妻間酉戌害最為嚴重，女性朋友即便傷心啜泣淚濕枕頭，粗心的伴侶依然不知，或不聞不問。

金雞遇犬淚雙流。

子未害

年	月	日	時
★	★	★	★
子	★	未	★

子未害，舉棋不定，互相要求，見面無話可說，血光之災，易犯小人，貌合神離半句話也嫌多，羊與鼠相逢一旦休。

年支和日支，產生的害局，呼應著命主的配偶對自己創業或發展沒多大助益，且和命主的長輩、父母較無緣或疏離，而命主的長輩對配偶，婚前婚後都有很多意見，假設命主要創業，長輩們的意見也不少。

酉戌害

年	月	日	時
★	★	★	★
★	酉	戌	★

酉戌害，金雞遇犬總是淚雙流。人生起浮大，容易被近親、朋友所害，夫妻相處貌合神離，離婚率也高。

月支和日支產生的害局，呼應著命主本人太注重自己，相愛容易相處難，婚前濃情蜜意如膠似漆，婚後生活步調不同，心結也多，甚至同床異夢貌合神離，相對的婚變或離婚也不足為奇。

地支之刑

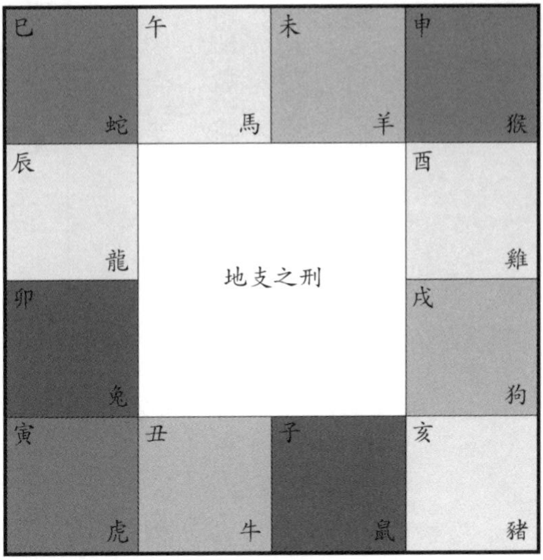

刑：無聲勝有聲的默劇。

精神壓力，煩惱，折磨，彷彿有把無形利刃凌遲著自己。

無禮之刑：眼界高，說話太直接得罪人不自知，自視甚高，個性脾氣不佳，夫妻或情侶有此無禮之刑，容易爭吵動粗。有此桃花之刑，異性緣不錯，但也常爭執。

子刑卯或卯刑子

年	月	日	時
★	★	★	★
★	子	★	卯

命盤中就有子刑卯或卯刑子，意謂著命主本身說話太過直接，甚至流於粗魯，也可能較沒禮貌，但有此無禮之刑之人，自視甚高，也不覺得自己有任何不對的地方。月支和時支的產生的無禮之刑，呼應著命主本人和子息，或者工作、職場上的部屬同事關係不是很融洽，而對方對命主本人也有不舒服的感受，雙方甚至有敵對狀態。

卯刑子或 子刑卯

時	日	月	年
★	★	★	★
★	★	卯	★

時	日	月	年
★	★	★	★
★	子	★	★

命盤本身地支有卯或子，或者配偶伴侶的命盤地支出現子或卯，呼應出子刑卯或卯刑子，男女雙方感情好時令人稱羨，但意見不合或爭執時，火爆指數有得瞧，也容易動粗，揮拳相向。

無恩之刑：叛逆薄情，對人付出，對方不但不感激，還覺得理所當然。工作職場上為人打天下，別人卻坐享其成，不會感激自己。本身會嫌棄對方，對方對自己同樣嫌隙。

有無恩之刑者，最好淡定看待對別人的付出，以免傷心扼腕，好比將自己當志工看待，因為當志工熱心公益，是不必求回報感恩！

寅刑巳，巳刑申，申刑寅

寅刑巳

年	月	日	時
★	★	★	★
★	寅	巳	★

命盤中有寅刑巳、巳刑申、申刑寅，要看各在哪個地支，就可看出誰對誰付出，根本像船過水無痕，做白工還被嫌棄抱怨一堆。

月支和日支產生的寅刑巳，呼應的是命主本人會對配偶要求和意見很多，惹得配偶非常不開心，配偶對命主本身付出很多關懷，但命主本人卻視為理所當然，夫妻生活相處不佳，也常鬧脾氣。

申刑寅

年	月	日	時
★	★	★	★
★	申	★	★

年	月	日	時
★	★	★	★
★	寅	★	★

假設婆婆地支的申在月支，媳婦的寅也在月支，即便月支寅的媳婦強壓下愛好自由衝動的脾氣，努力去侍奉婆婆，婆婆依然會雞蛋裡挑骨頭，媳婦賣力的做到流汗，反被不知感恩惜福的婆婆嫌棄，這樣一來，雙方不產生嫌隙真的也難！

恃勢之刑：自信過度，一生錢財多變化，聰明反被聰明誤，往往事與願違，太剛強易受挫折和災難，外圓內方才是王道。

丑刑戌，戌刑未，未刑丑

丑刑戌

時	日	月	年
★	★	★	★
戌	★	★	丑

命盤中的恃勢之刑，端看誰刑誰。刑本身就代表著精神壓力、煩惱、折磨、無形的凌遲。

年支和時支的恃勢之刑，呼應著長輩與子孫，或者上司及部屬、工作中產生一種無形的壓力和折磨，可能是掌控慾強或是要求太多，也或許是晚輩或部屬真有錯，總之別過度自信，好好溝通免得產生更大的嫌隙。

未刑丑

年	月	日	時
★	★	★	★
★	★	丑	未

時支和日支的恃勢之刑，呼應著子女和配偶、事業、家庭的摩擦產生種種問題，或者是命主本身太過自信，思慮不周，投資創業只聽自己的聲音，導致事與願違，錢財多變化。

自刑：自刑最易成為傷心的默劇，心中苦悶鬱卒不知向誰傾訴，即便有對象可傾吐，依然無法啟齒，負面能量在心中慢慢累積或想不開，常做往死胡同鑽的糊塗事，明知山有虎偏向虎山行。

自刑中以辰刑辰最輕，午刑午和酉刑酉次之，亥刑亥最嚴重容易想不開。

辰刑辰，午刑午，酉刑酉，亥刑亥。（辰、午、酉、亥本身就會產生自己刑自己的引力。）

辰刑辰

年	月	日	時
★	★	★	★
★	辰	★	辰

命盤中假設月支有辰，就有了自刑中的辰自刑，若是月支有辰，時支也有辰，月支的辰對應時支的辰，命盤中就有3個自刑中的辰刑辰，其他以此類推。

辰刑辰，午刑午
酉刑酉，亥刑亥

年	月	日	時
★	★	★	★
辰	午	酉	亥

命盤中各有自刑如下：

辰刑辰：我執很重，愛當老大領導別人，作風強勢，懷才不遇或事與願違時，容易鬱悶，與辰自刑的人溝通，盡量挑他喜歡聽的話，免得碰了一鼻子灰。

午刑午：喜歡聽好話，經不起別人刺激，好強要面子，耐心不足脾氣欠佳，要溝通前最好說些他想聽的話，或者跟他同仇敵愾，成功率會比較高。

酉刑酉：過多的熱情和義氣，讓酉自刑之人，弄得裡外不是人，得不到認同或幫倒忙，酉自刑的人會因找不到自己的舞台而鬱悶不已，所以溝通前請讓他揮灑一下熱血，酉自刑的人，就會認同你是他的知音！

亥刑亥：聰慧，心思太過細膩，有事悶在心中不說，外表雖樂觀，但因內心的悲觀意識作祟產生許多負能量，多愁善感的亥自刑，是自刑中最為嚴重的，也容易想不開，身為朋友或家人，要盡量引導並給予正向思考和正面能量！

逆轉勝小秘方★

人的一生是一條學習的旅程。

老天讓人們生活在萬花筒般的花花世界裡，讓人們去學習如何慈悲、自信、寬容、勇敢、誠信來面對生命；並啟發人們如何運用智慧、思考、學問、行動力去創造生活所需；讓人們了解自己是何等有魅力和天賦，可以坦然的彎起唇角，笑吟吟的迎接人生各種風景。

種瓜得瓜，種豆得豆；我們付出什麼，就會得到什麼。不管過去做錯什麼事，只要肯好好反省修正調整，那麼凡事都不算太遲，因為人生這杯茶，苦澀甘甜最後都是自己嚐，困難挫折雖磨人，但堅強的撐過去了，也造就了全新的自己，重新讓人生這杯茶入口回甘，才不枉老天為人們安排的學習旅程。

當然，也要感謝過去的好經驗和壞經驗，以及曾經傷害、誤會、背叛過您的貴人，謝謝他們的磨練，成就了現在的自己，讓您願意勇敢的改變自己，時時汲取正向能量和正面思考，活得更燦爛來迎接新的人生！

在您心情起浮不定無法寧靜時，若您願意，請試著常唸般若波羅蜜多心經和太上清靜經來調和心情，或者向您信仰的神明，祈求心平氣和安祥寧靜。

【般若波羅蜜多心經】

觀自在菩薩，行深般若波羅蜜多時，照見五蘊皆空，度一切苦厄。舍利子！色不異空，空不異色；色即是空，空即是色。受想行識，亦復如是。舍利子！是諸法空相，不生不滅，不垢不淨，不增不減。是故空中無色，無受想行識；無眼耳鼻舌身意，無色聲香味觸法；無眼界，乃至無意識界；無無明，亦無無明盡；乃至無老死，亦無老死盡；無苦集滅道，無智亦無得。以無所得故，菩提薩埵。依般若波羅蜜多故，心無罣礙。無罣礙故，無有恐怖，遠離顛倒夢想，究竟涅槃。三世諸佛，依般若波羅蜜多故，得阿耨多羅三藐三菩提。故知般若波羅蜜多，是大神咒，是大明咒，是無上咒，是無等等咒，能除一切苦，真實不虛。故說般若波羅蜜多咒，即說咒曰：揭諦，揭諦，波羅揭諦，波羅僧揭諦，菩提薩婆訶。

【太上清靜經】

老君曰。大道無形。生育天地。大道無情。運行日月。大道無名。長養萬物。吾不知其名。強名曰道。夫道者有清有濁。有動有靜。天清地濁。天動地靜。男清女濁。男動女靜。降本流末。而生萬物。清者濁之源。動者靜之基。人能常清靜。天地悉皆歸。夫人神好清。而心擾之。人心好靜。而慾牽之。常能遣其慾而心自靜。澄其心而神自清。自然六慾不生。三毒消滅。所以不能者。為心未澄。慾未遣也。能遣之者。內觀其心。心無其心。外觀其形。形無其形。遠觀其物。物無其物。三者既悟。惟見於空。觀空亦空。空無所空。所空既無。無無亦無。無無既無。湛然常寂。寂無所寂。慾豈能生。慾既不生。即是真靜。真常應物。真常得性。常應常靜。常清靜矣。如此真靜。漸入真道。既入真道。名為得道。雖名得道。實無所得。為化眾生。名為得道。能悟之者。可傳聖道。

老君曰。上士無爭。下士好爭。上德不德。下德執德。執著之者。不明道德。眾生所以不得真道者。為有妄心。既有妄心。即驚其神。既驚其神。即著萬物。既著萬物。即生貪求。既生貪求。即是煩惱。煩惱妄想。憂苦身心。便遭濁辱。流浪生死。常沉苦海。永失真道。真常之道。悟者自得。得悟道者。常清靜矣。

第七勝

勤儉和開源節流是通往財富之道

有一則小新聞，很發人省思。越南鄉下有位獨居老婦人非常的克勤克儉，由於老婦人的兒女在都市工作，過年過節才會返鄉探望母親，省吃儉用的老婦人除了拾荒維生，三餐大多向鄰居乞討，生病也捨不得花錢看診。某天，鄰居發現老婦人很多天不曾在街道拾荒，才知老婦人餓死在家中，當兒女返鄉處理母親身後事赫然發現，老婦人居然在床底下和衣櫃中藏了三億多元的越南幣。

而這則新聞告訴我們，勤勞節儉及開源節流雖是通往財富之道，但金錢不是用來儲藏，而是有效支配使用，更不是被金錢所奴役。

人們的確需要未雨綢繆儲蓄金錢，以備人生不時之需，但儲蓄金錢最安全可靠的地方莫過於銀行，將錢儲蓄在銀行，累積到自己認為足夠的數目，也可利用金錢慎選投資工具，創造更多的金錢財富。

偉大的藥師佛行菩薩道時，曾發十二大願，藥師佛的十二大願中，其中包括希望人們身體健康、有衣服穿、有房子可住、生活富足，人們擁有錢財讓自己的生活富足，就不會飢寒起盜心去殺人搶劫作亂，國家社會秩序就會安定，有了富足安定的生活，人們也無後顧之憂去幫助需要幫助的人。

所以，為了身、心、靈健康，生活富足幸福，大家一起加油，一起變好，加強自己在社會上的競爭條件和專業技能，讓自己和家人過得更幸福！

財富收藏鎮守在庫

太極中，乾為天也為父，坤為地也為母，而土地就像人類的母親，豐富滋養各種資源，讓人們在這片土地安居樂業。

「有土斯有財！」古人以農立國，土地可種植稻米及各類穀物，滋養著人們，解決吃的民生問題，並可以物交易賺取財帛。但在寸土寸金的社會，擁有財富不單指擁有金錢，財富的擁有也包括了土地不動產。

擁有財富幾乎是人人的夢想，八字地支有庫，代表有庫可收藏鎮守財富，而所謂的庫，也就是地支中的辰戌丑未，以下H先生的命盤，可以說明八字中庫的意義。

簡易命盤				
四柱	年	月	日	時
主星	比肩	七殺	命主（日主）	劫財
天干	丁	癸	丁	丙
地支	卯	丑	卯	午

日主丁火的H先生，心地善良，個性保守內向，由於自小家境不好，乖巧的他很用功上進，為了減輕家中經濟負擔，H先生從高一就開始打工賺錢支付自己的學費，高中畢業後便報考四年制軍官學校，投筆從戎以軍人為職。

H先生明白，要改善家庭經濟，為家人買個溫暖小窩，除了固定工作的收入是不夠的，因此有空便勤讀投資理財叢書，從不盲目聽從理財專員的建議。理財功課做足的他慎選投資標的，幾年下來，開源節流克勤克儉的H先生，終於從淨收入和投資獲利中存到人生的第一桶金，再加上家人攢下來的辛苦錢，H先生終於湊齊了房屋頭期款和裝潢費，脫離無殼蝸牛行列，全家再也不必東遷西移繳房租，幫房東付貸款。

H先生雖是身弱格，身弱雖不足以任財官，但格外珍惜金錢和勤儉個性使然，讓他存得了錢。再加上月支為丑，丑月地支的人，具有耐力奇佳的執著，以及任勞任怨腳踏實地的特性。庫在月柱，家中若沒有祖產，卻想要擁有財富，唯獨靠自己單打獨鬥白手起家，而H先生本人很務實，早熟的他，很多年前就認清生活的困難處，因此訂下買房的目標，努力實踐，不到三十歲的H先生，實現了人生的第一個夢想。而印證八字命盤，財庫在月柱，想要擁有財富，靠自己的實力和一些助力，確實能打拼出屬於自己的一片天！

你不理財，財不理你

「你不理財，財不理你！」這句耳熟能詳的廣告詞，絕不是口號，財富是需要儲蓄，更需要投資管理，但放眼現今許多的投資管道，很多人並沒經過用功學習和判斷，大多數聽從理財專員、專家、證券營業員的投資建議，因此在股海和期貨、基金中沉淪或賠掉積蓄老本的人數為之不少。

然而您雖明白「你不理財，財不理你」，但卻獨獨忘了投資股票或期貨基金的三大重點：第一點是不要賠錢及賠了老本，第二點是不要太貪心，第三點是絕對不要忘了第一點和第二點！可見慎選理財工具投資，和學習理財專業技能何等重要！

明白這些道理，緊接著來看看和自己息息相關的八字命盤，能否擁有財富？

八字中的四庫為辰戌丑未，也是四季中每一季的最後月份，辰戌丑未分別位於季春、季夏、季秋、季冬。辛勤耕耘為的是豐收美麗的果實，因此庫者，也意謂財庫和收藏儲蓄的意思，但擁有金錢財富只是過程，能聚財又守得住財富，並有效支配運用，才是人生關鍵。

辰戌丑未 四庫

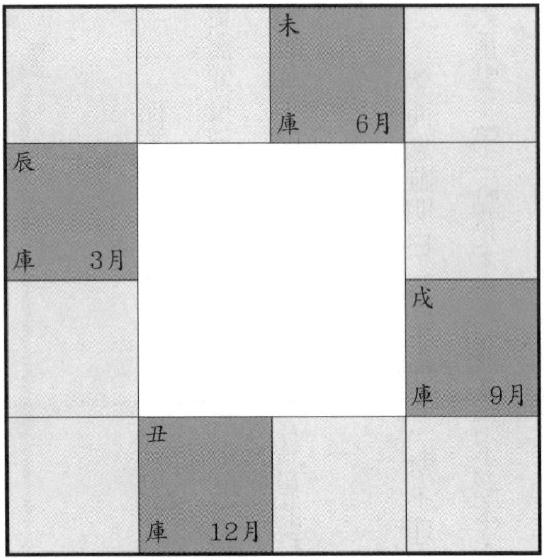

命盤地支有庫，代表的涵義特性：

無庫：非常節儉，錢財比較存不住，無庫者記得有效計畫儲蓄或購置不動產。

一庫：節省自己，對別人大方。

二庫：理財有方，若逢衝錢財易流失，意外開銷大。

三庫：手頭闊綽，大方慷慨，不容易聚財，借出去的錢不易拿回來，注意腸胃毛病，逢流年有庫，四庫全到位，錢財管理謹慎小心，注意腸胃道消化系統的健康問題。

四庫：非富即貧。命格強，走運時富有，財源廣進；命格弱時，聚財不易錢財流失。注意腸胃健康問題，非常固執，不易聽進別人建議。

年柱有庫：比較容易得到長輩、父母給予的不動產。

月柱有庫：很節儉，節省自己，對別人慷慨大方，擁有財富泰半出於自身努力及理財有方。

日柱有庫：代表婚後或創業較容易聚財，或擁有不動產。配偶若也帶財帶庫者，掌控慾較強，相對的，另外一半賺錢要乖乖繳回公庫，也就是薪水直接進入配偶口袋。

時柱有庫：努力工作容易聚財。有了子息和家庭後更想打拼擁有不動產，因為努力讓家人過好日子，是他打拼的原動力。

四柱有庫：四庫之命主本人腸胃不佳，要多注意腸胃毛病。理財投資儲蓄請小心謹慎。

辰戌庫衝：命盤中有二庫是辰戌衝，雖理財有方，但逢庫衝破，意外開銷大，錢財容易守不住，理財投資儲蓄請小心。

丑未庫衝：命盤中有二庫是丑未衝，會理財，但二庫衝破，財不斷流失，鎮守財富要相當下工夫。

命盤中有辰戌衝

年	月	日	時
★	★	★	★
★	辰	★	戌

敢拼敢衝的性格，即便有運可賺錢，但庫衝破，意外開銷大，謹慎理財，免得錢財守不住。

命盤中有丑未衝

年	月	日	時
★	★	★	★
★	丑	未	★

有著貫徹始終追根究底性格，雖然有耐操耐磨的打拼精神，蠻會理財，但庫衝破，錢財因意外開銷不斷流失，鎮守財富要相當下工夫。

逆轉勝小秘方★

道德經曾提及：「萬物負陰而抱陽，沖氣以為和。」

萬物在道中，人也是在萬物其中之一，但處世不離塵囂並與眾人往來，是非紛擾在所難免，所以與人為善廣結善緣，一團和氣能招來吉祥，因此以和為貴，和氣生財這句話不無道理。

而舉凡是人，誰不愛金錢財富，但擁有財富是福報，如何運用財富是智慧，揮霍無度不等於擁有財富，因為金錢財富是屬於懂得有效運用它的人。

沒有錢，的確在生活和心靈上受到很多阻礙，是件悲哀的事；但窮得只剩下錢，生活不快樂或身體不健康，身、心、靈不自在，則更加悲哀。

每人的命運不同，但不管如何，通往財富之路，不外乎熱愛工作、開源節流、創造收入、勤勞節儉、理智消費、計畫存款、做足功課謹慎投資理財。

第八勝

寅申巳亥衝衝衝，智勇雙全真英雄

十二地支中，寅申巳亥這四個地支代表著驛馬的涵義，也意味著閒不住、有衝勁、不愛受束縛管教的特質。對人生而言，積極向上，有鬥志衝勁是件好事，但衝過了頭魯莽行事，反而招來禍患。

在三國演義中，智勇雙全計對敵兵的人莫過於諸葛亮。當魏國將軍司馬懿得知蜀漢西城要地軍力薄弱，早已率領十五萬大軍兵分兩路朝西城而來，一舉攻下西城要地，活捉老對手諸葛亮。

西城危在旦夕，寡不敵眾，魯莽開戰必敗無疑，眾人莫不憂心，只見諸葛亮冷靜沉著傳令，大膽的出奇招，走險棋。

在西城被司馬懿大軍團團圍住時，只見坐鎮西城的諸葛亮毫無反擊開戰現象，生性多疑的司馬懿便決定親自策馬城下，一探究竟。

只見應該戒備森嚴的西城卻城門大開，城牆上看不見蜀軍的旗幟和嚴陣以待的士兵，嚴峻的氣氛下，居然還有正在灑掃街道的老百姓。這還不奇怪，直教司馬懿匪夷所思的是老對手諸葛亮，悠哉閒適高坐城樓焚香操琴，怡然自得的沉醉在悠揚琴音中，面對大軍壓境視若無睹，旁若無人。

薑還是老的辣，通曉音律的司馬懿想找出老對手諸葛亮的琴音，是否有一絲浮躁，但他側耳傾聽，仍找不到一點異狀。

此時，心中警鈴大響，臉色驟變的他不顧次子司馬昭反對阻止，立即下令大軍即刻撤退。聰明反被聰明誤是司馬懿的寫照，待老謀深算的司馬懿明白著了老對手的道，為時已晚。

而殊不知，敵強我弱下，冷靜的諸葛亮親自和老對手鬥智過招，傳令城內蜀軍旗幟悉數撤除，四面城門敞開，派出士兵佯裝老百姓模樣，一派自然的打掃城門街道，城內軍民一切遵照指示，違者以軍法處置。

聰明過人的諸葛亮登高而坐，面露微笑焚香彈琴，讓深知他謹慎個性的司馬懿，誤以為他耍詐，暗地設下埋伏，誘使魏國士兵進入城內，一舉殲滅魏軍。

以卵擊石必敗無疑之戰，不失一兵一卒，就消弭在諸葛亮的料事如神和足智多謀中。

然而，三國演義中的呂布，反倒成了行事衝動、魯莽草率、有勇無謀的代表！

東漢末年政治腐敗官吏貪污，朝野動盪不安，民間起義層出不窮，有飛將稱號的呂布，原是刺史丁原的義子，也任丁原的主簿，弓馬騎射一流的呂布，驍勇善戰聞名。直到入主洛陽的董卓，一眼便看穿呂布的忠誠度不高，重視名利且有勇無謀，一匹跑得像風也似的珍貴赤兔馬，和滿箱的珠寶黃金，就使得呂布殺了義父丁原，投靠董卓麾下。

董卓挾天子以令諸侯，呂布為虎作倀，滿朝文武百官心生不滿，但老臣王允深知呂布的利慾薰心，好權好利也好色，於是獻出舞藝超羣的義女貂嬋給董卓，離間董卓和呂布父子，微乎其微的薄弱關係。

迷戀貂嬋的呂布，心狠手辣刺殺了毫不設防的董卓，而曹操也藉著護駕之由，率領軍隊進城平反內鬥，呂布在倉皇間逃脫後投靠徐州的劉備，但劉備作夢也沒想到一念之差，沒殺了呂布，才致使徐州被呂布攻下，並擄了兩位夫人做為人質。

呂布雖驍勇善戰，但忠誠不一有勇無謀，因此手下漸漸群起造反，所領軍隊上下離心，這才有機會讓劉備和曹操同時聯手，勢如破竹的攻城掠地，收復被佔領的城池領地，節節敗退的呂步，見大勢已去只好投降，最後呂布被曹操縊殺，劉備也救出了兩位夫人。

這兩個例子明白告訴我們，成就一件事，必須擁有勇氣衝勁和激昂的鬥志，但即便拿勇氣衝勁及激昂鬥志當成矛，也需要智慧和冷靜做盾牌，才有可能通往成功勝利之路！

生命力旺盛的四驛馬

命盤中具有寅申巳亥四驛馬的人，聰慧反應靈敏才華也不錯，生性自由不愛束縛，一旦立定志向和目標，便勇於轉換工作跑道，或是接受人生各種挑戰，但生活即使沒奔波勞碌，身心也會茫然神傷，閒不住的個性讓他們愛東奔西跑，因此要特別注意身體健康和行車安全。以下J先生的命盤範例，可以提供學習參考，並引以為戒。

簡易八字命盤				
時	日	月	年	四柱
劫財	命主（日主）	正財	★★	主星
丙	丁	庚	★	天干
午	丑	申	亥	地支
食神 / / 比肩	偏才 / 七殺 / 食神	傷官 / 正官 / 正財	正印 / / 正官	副星

＊為保有J先生隱私，故年柱和主星不標明＊

日主丁火的J先生，因從小父母離異，寄住在鄉下祖父的羽翼下，不諒解父母棄養的J先生，脾氣火爆常打群架，在校總是警告、小過、大過不斷，雖然原生家庭造就J先生異常個性，但他對祖父卻非常孝順，為了不讓年邁的祖父因撫養他而四處打工，因此J先生國中畢業便輟學就業。由於年紀和學經歷不足之故，J先生找的工作泰半是八大行業領域，雖然很多親戚認為他不務正業，但孝順的J先生總是按月寄生活費給祖父當零用錢，直到祖父過逝才北上定居工作。

北上之後，J先生依然在八大行業領域工作，由於個性敢拼敢衝，工作場所出了問題，只要老闆開口，重義氣的他會一肩扛起，為了趕時效，騎快車使命必達也是常有之事。直到民國98年（己丑年）農曆1月（寅月），J先生的老闆要求他在某個時段送件，向來使命必達的J先生，為了不負使命便騎了摩托車飛車外出，於某個常出車禍事故的快速道路上，在黃燈未閃完之際，便迎面撞上來不及煞車的小貨車。

J先生腦部受傷、右邊臉頰碎裂、骨盆腔斷裂、右手右腳粉碎性骨折，幸好J先生福大命大，經人送至醫院開刀搶救終於存活下來。歷經多次開刀復健的J先生，現在有些不良於行，但生命力旺盛的他不放棄希望，換了跑道在別的職場工作，也和前任老闆及貨車司機官司纏訟中。

此命盤範例和事實印證，丁火之人，心思細膩敏銳，感情豐富澎湃不善表達，看似沉穩但其實內心急躁。申月之人，有衝勁閒不住，重義氣好打不平，在職場或團體中喜歡引領風騷，也力求表現。正財月柱，男命正財其實很好溝通，不愛念書，很早就出社會賺錢，或半工半讀；日主座下食神，配偶個性敦厚愛玩樂，比較喜歡和自己練口才而已；劫財時柱，男命帶劫財容易失戀，喜歡的女人通常有別人追求，年老時身體不健康或吃藥效果不好，J先生因意外而殘疾，以及臟腑內傷也勢必需要好好調養。而種種推論，確實都印證J先生的現實狀況。

地支申亥害，逢月柱和年柱，代表著是非多，激不起刺激，自己和父母或長輩有心結，甚至無法諒解；丑午害，逢日柱和時柱，耐性不好脾氣不佳，配偶不認同周遭的朋友或是工作職場及人際關係；旁觀者清，所以自己選擇的工作未必對自己是最好的。己丑年農曆寅月，寅申衝、己丑年丑午害和本身丑午害的三重引力，導致力求表現的J先生再一次於馬路上風馳電掣，極力想使命必達的他因疏忽和不小心，才撞上迎面而來的貨車，致命的衝擊讓他必須請領殘障手冊，同時也改變了他往後的人生。

雖然命盤推論和現實生活的印證符合，倘若J先生願意聽進同事、朋友的勸告，修身養性收斂脾氣，注意交通安全不開快車，不逞一時之快，也許車禍事故可避免發生，而他仍是四肢健全前途看好的有為青年！

戰鬥力十足，靈機應變的四驛馬

地支中寅申巳亥分別落於立春、立夏、立秋、立冬之始，以及孟春、孟夏、孟秋、孟冬四季之開端，在此四個月份所生之人，大多具有領導風格，尤其是寅月和申月所生之人，面對生活和工作職場迎來的各種挑戰和轉折點，會以潛在的衝勁和爆發力突破難關，生命力旺盛適應力也強，而四驛馬中的寅月和申月所生之人，領導風格也最為顯著。

〈寅申巳亥 四驛馬〉

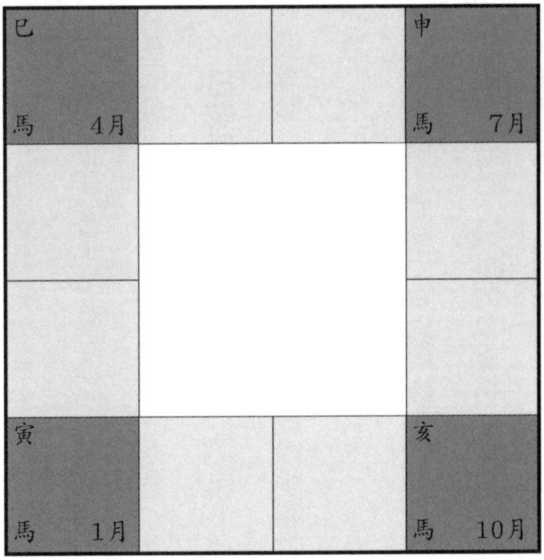

命盤地支有馬，代表的涵義特性：

無馬：沒目標，沒動力，沒方向感，不適合衝鋒陷陣的業務工作。

一馬：愛自由，做事較愛拖拖拉拉，僅管不出門也愛東摸西摸，愛趴趴走，不愛被管制束縛，適合做業務工作。

二馬：閒不住的個性，開車較不愛守交通規則，愛開快車，注意車關。在家待不住，喜歡旅遊或往外跑，適合當業務，有執行力。

三馬：勞碌命愛奔波，膽子大，脾氣不太好，易有車關，若只有「衝」沒有其他制約，什麼都要闖闖看，會不懂適可而止，收成不易。

四馬：在家是過客，泰半時間在外，馬不停蹄，雖有開創局，但什麼都要闖，車關在所難免，四處趴趴走，聚財不易，沒花又沒庫，注意身體健康，謹慎理財為上。

巳亥衝：命盤中有巳亥驛馬衝者，通常有閒不住的個性，口才好，好爭好辯，因此開車騎車，比較容易抄小路或鑽小巷道，命盤有巳亥衝者，騎車開車請務必小心，靜心專注的行車，避免車禍意外發生。

寅申衝：命盤中有寅申驛馬衝者，通常脾氣不小行事衝動，閒不下來的煩躁性情，喜歡講求速度，騎車開車風格往往是在大馬路上風馳電掣，因此摔車或出車禍機率也不小，有寅申衝者，請注意交通規則，小心駕駛確保平安。

四柱若各有驛馬，端看驛馬落在何柱地支的表徵關係，就有其驛馬的特質和個性。

命盤中有巳亥衝

年	月	日	時
★	★	★	★
★	巳	★	亥

命盤中有巳亥衝者，適合做外務業務，很愛和人爭辯練口才，也比較得理不饒人，閒不住的好動個性，喜歡開快車，抄小路鑽小巷，命盤有巳亥衝者，請務必小心行車安全。

命盤中有寅申衝

時	日	月	年
★	★	★	★
★	★	申	寅

命盤中有寅申衝者，脾氣不太好行事衝動，對人付出往往得不到回報，喜歡東奔西跑又講求開車速度，所以愛在馬路上飛快奔馳，需注意車關，小心駕駛確保人身安全。

逆轉勝小秘方★

多留餘地鋪明月，莫築高牆礙遠山！

傳說，安徽桐城，有一條著名的六尺巷，據說仁義六尺巷的由來是清朝名臣張英的兒子，為了鄰居佔用空地築牆起了爭執，於是忿忿不平的修書，希望父親以權勢壓制驅逐，但張英只是淡定的捎了信回覆：「萬里修書只為牆，讓他三尺有何妨？萬里長城今猶在，不見當年秦始皇。」家人看了信，於是汗顏的自讓三尺砌牆，鄰人見狀也自退三尺謙讓，因此才有這麼一條長百餘米、寬兩米的仁義六尺巷，供行人往來走動。

萬里長城今猶在，叱吒風雲的秦始皇，早成為累累枯塚，王侯螻蟻，終也成塵。

打獵時，第一個中槍的永遠是出頭鳥，你爭我奪，危害自身或與人結下惡緣，逞一時之快，爭強鬥氣逞英雄，其實說穿了，百年過後自己什麼都不是。

鋒芒就像身上長了稜稜角角，自己不先磨平，可能會在無意間傷了他人，而別人恐怕也會伺機來重創自己。

因此為人處事外圓內方，藏器於身伺時而動，只問心情平靜和耕耘付出，廣結善緣，莫管他人冷語與明爭暗鬥。相對的，這個宇宙回報給你的，必定會更多，您的無為，將成就您的有為！

八卦相傳是伏羲所造
八卦源於中國

第九勝

問世間情是何物

「問世間，情是何物，直教生死相許。」這句熟稔的台詞，是金庸原著〈神鵰俠侶〉赤練仙子李莫愁最愛吟唱的詩詞。

情是何物？

情令人悸動，情最磨人，最溫暖感動是情，最痛徹心扉也是情！

第六世達賴喇嘛，也是浪漫詩人的倉央嘉措，倉央嘉措〈問佛〉的詩詞中曾拿自己向佛發問，目的是讓世人明白，美麗嬌顏不過是曇花一現，容貌再美終將成為明日黃花，美貌色相永遠不及一顆純淨慈悲的愛心。婆娑世界本有許多遺憾，有了這些缺憾，人們才懂得珍惜幸福。而每人來到世上都帶著孤單和缺憾，直到遇見另外一半才能圓滿幸福，但泰半的人們總是錯過或無法擁有；而倘若能和心上人做快樂的事，的確很幸福，如果無法和心愛之人白頭偕老，也只能將小愛化為大愛，笑迎浮世間的起伏變化及有情眾生，助人為樂寬容自在，莫問情緣還是情劫。

但，世間感情不是只有男女之情，還有血濃於水的親情、朋友同儕、國家民族君臣之情等等，可是最教人把自己弄得傷痕累累莫過於男女情愛。

男女愛情學分，是每人必修科目，除非是方外之士或出家人，只要是人，都會在情字中浮浮沉沉。

相愛要及時，但介入別人的感情世界或家庭，強摘的果實終究不會甜美。

如果陷在感情漩渦裡不開心、不快樂、不幸福，那就放手吧！假使依然捨不得、放不下、不甘願，那就繼續在痛苦的深淵中煎熬，您的枷鎖只有自己解得開！

將愛進行式：若能愛得自由、愛得自在、愛得坦蕩、愛得愜意、愛得開心、愛得快樂、愛得幸福，那就敞開心房大膽去愛吧！

人緣及桃花運

十二地支中的子午卯酉，代表人緣以及桃花之意，可推論為人處世的人際關係，以及桃花異性緣指數，以下K小姐的命盤範例，可提供學習參考。

<table>
<tr><th colspan="13">簡易八字命盤</th></tr>
<tr><td colspan="3">時</td><td colspan="3">日</td><td colspan="3">月</td><td colspan="3">年</td><td>四柱</td></tr>
<tr><td colspan="3">正財</td><td colspan="3">命主（日主）</td><td colspan="3">正財</td><td colspan="3">★★</td><td>主星</td></tr>
<tr><td colspan="3">甲</td><td colspan="3">辛</td><td colspan="3">甲</td><td colspan="3">★</td><td>天干</td></tr>
<tr><td colspan="3">午</td><td colspan="3">卯</td><td colspan="3">申</td><td colspan="3">卯</td><td>地支</td></tr>
<tr><td>偏印</td><td></td><td>七殺</td><td></td><td>偏才</td><td></td><td>正印</td><td>傷官</td><td>劫財</td><td></td><td>偏才</td><td></td><td>副星</td></tr>
</table>

K小姐不便公開年柱天干和主星

漂亮的K小姐自小便貪玩不愛念書，只要聽聞哪裡有好吃好玩的，就往那裡鑽去，獨立自主的K小姐雖受父親寵愛，卻不顧父親反對，大學未畢業便休學就業，容貌秀麗的她憑著漂亮的外貌和實力，在知名的美容專櫃擔任櫃姐工作，外形甜美口條佳的K小姐，憑著努力和實力，業績總是櫃中的佼佼者，工作幾年下來，K小姐也存了不少錢。

由於K小姐服務殷勤，加上以客為尊，許多客人都指定由她服務，K小姐的VIP客人中不乏理財高級專員和名媛貴婦，因此常天南地北地閒聊，而必須輪班站櫃的K小姐，不少理財專業技能和房地產資訊，皆由VIP客人指點。多年前，房價和黃金未猛烈上漲時，K小姐便在台北市中山區購置了第一間房子，同時接連操作黃金存摺和股票期貨也賺了不少錢，過了幾年又在新北市蘆洲區買了第二間房子成了包租婆，而K小姐為了累積更多的財富，於是轉換跑道，成立了美容護膚工作室。

財運不錯的K小姐，三十初頭之齡，便靠著自己實力擁有了兩間房子，累積了一些財富，但男人運總是不佳，老是愛上一擲千金人人愛的浪蕩子，再加上兄弟姊妹不時向K小姐週轉，K小姐為了男友，並顧及手足之情，只好忍痛賣掉新北市蘆洲的大廈公寓，幫男友和手足清償債務。也幸好，K小姐這幾年及時清醒痛定思痛，不再受這些人的感情操控勒索，在辛卯年開春，開心下嫁一位事業有成的單親爸爸，過著幸福生活。

日主辛金之人，築夢踏實努力實踐理想，氣質不錯口才好耐力佳，常為金錢煩惱，也比較容易神經質。申月生之人，機靈過人心思細膩，能力好異性緣佳，觀察力敏銳；申月陽金對日主辛金，故K小姐是身強格，身強者比較好勝不服輸，生命力旺盛，運勢機運較佳，因此運勢及貴人來敲門懂得去迎接。女命月柱日柱正財，不愛念書出社會很早，是搶錢一族，喜愛玩樂遊山玩水，自己積蓄頗豐，即便有煩惱也很快會排除。日主座下有偏財之人，配偶行事格較慷慨豪邁，不注重錢財，適宜晚婚。年支日支和時支的卯、卯、午三花，除了本身人緣好，也深得長輩喜愛，桃花多，職場上的工作運和人氣指數也一級棒；而這些推論也都與k小姐現實生活相印。

鴛鴦五合

十天干之合化，剋之有情，產生天干五合，也稱鴛鴦之合，命盤中有天干五合者，人緣佳，異性緣好，好相處，對方命盤和本身呼應成為天干五合中的其中一合，也算符合鴛鴦五合，而雙方也因為相處融洽，容易成為好朋友。

甲己合化土—中正之合

甲木和己土都有硬碰硬的特質，心地善良領導慾強的甲木專注開枝散葉向上發展，而重義氣好溝通喜歡黏人的己土，當然覺得神經大條的甲木超沒情趣，因此甲己合化土成為中正之合。命盤有甲己合或者和友人、配偶、伴侶有甲己合，特質是人緣好、明辨是非、講信用、沒情調、固執、不解風情。

甲己合化土—中正之合

時	日	月	年
己	甲	★	★
★	★	★	★

甲己合化土—中正之合

時	日	月	年
★	甲	★	★
★	★	★	★

時	日	月	年
★	己	★	★
★	★	★	★

乙庚合化金—仁義之合

金雖剋木，但乙木的柔軟是不怕大斧頭庚金，因為大斧頭一劈下來，柔軟的乙木很會閃也劈不斷，讓庚金又愛又恨，因此乙庚合化金成為仁義之合。命盤中有乙庚合或者和友人、配偶、伴侶有乙庚合，特質是重情重義、有頭無尾、剛柔並濟、不重情趣、剛毅果斷、隱忍令人感覺不舒服的事物、喜歡做好人、盡量不去得罪任何人。

乙庚合化金─仁義之合

時	日	月	年
★	庚	★	乙
★	★	★	★

乙庚合化金─仁義之合

時	日	月	年
★	★	乙	★
★	★	★	★

時	日	月	年
★	庚	★	★
★	★	★	★

丙辛合化水—威制之合

當細膩略帶神經質的辛金，遇見了熱情又神經大條的丙火，結論是沒輒。但火剋金的原理，讓丙辛合化水成為威制之合。命盤中有丙辛合或者和友人、配偶、伴侶有丙辛合，特質是聰明好強、易發脾氣、氣質好、在乎名聲地位權勢、重品味和外表、重視心靈層次、喜歡發號施令、易偷情出軌。

丙辛合化水—威制之合

時	日	月	年
辛	★	丙	★
★	★	★	★

丙辛合化水—威制之合

時	日	月	年
★	丙	★	★
★	★	★	★

時	日	月	年
★	★	辛	★
★	★	★	★

丁壬合化水－淫暱之合

水主智慧，也管下腹部的生理臟腑，當交遊廣闊又聰明的狂狷壬水，遇見了喜歡照顧別人，但內心感情豐富又不善於言詞的丁火，變成了水火既濟水乳交融，因此丁壬合化水成為淫暱之合。命盤中有丁壬合或者和友人、配偶、伴侶有丁壬合，特質是心地善良、人緣好異性緣佳、沒心機、喜歡羅曼蒂克、注重生活情趣、有品味、在乎外表、喜歡比自己年輕的異性。

丁壬合化水－淫暱之合

年	月	日	時
★	丁	壬	★
★	★	★	★

丁壬合化水—淫暱之合

時	日	月	年
★	丁	★	★
★	★	★	★

時	日	月	年
壬	★	★	★
★	★	★	★

戊癸合化火—無情之合

誠信卻固執急躁的戊土，遇上聰明機靈忍功一流，略帶神經質的癸水，雖然穿透力依然存在，但戊土的乾燥和同化說服能力，會讓彼此氣得跳腳火爆相向，妙的是分開了會思念，見面了又常一言不合，因此戊癸合化火成為無情之合。命盤中有戊癸合或者和友人、配偶、伴侶有戊癸合，特質是循規蹈矩、重義氣、做人豪邁、翻臉如翻書、海派作風但有時也會無情、喜歡年紀大的異性、重情趣、愛生氣。

戊癸合化火—無情之合

時	日	月	年
癸	戊	★	★
★	★	★	★

戊癸合化火—無情之合

時	日	月	年
★	戊	★	★
★	★	★	★

時	日	月	年
★	★	癸	★
★	★	★	★

子午卯酉，花開富貴

十二地支中的四大桃花子午卯酉，分別位於每一季中的第二個月份，位於仲春、仲夏、仲秋、仲冬之際，有了奔波辛勤的寅申巳亥種下因子，孟仲之際當然要花開富貴，歡樂如意滿人間嘍！

〈子午卯酉四桃花〉

	午 花 5月		
			酉 花 8月
卯 花 2月			
		子 花 11月	

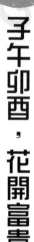

命盤地支有花，代表的涵義特性：

無花：女命冰山美人，冷若冰霜。嚴肅正經，保持微笑製造桃花，調和人際關係。

一花：人緣好，樣貌不凡，異性緣不錯。

二花：漂亮有人緣，親和力強，異性緣很好。

三花：早熟，風流彩杖，異性緣重，人緣好，公關人才，面貌漂亮，容易在八大場所工作。

四花：太多花，雖無人不知無人不曉，若非人緣極好就是太自戀導致人緣不佳。桃花多異性緣重，注意道德觀，無庫無馬，太早熟，容易處處留情，桃花亂舞，也容易在八大場所工作，性格捉摸不定，也請注意身體健康。

年柱有花：有人緣及長輩緣。

月柱有花：容貌不凡，人緣好。

日柱有花：配偶外貌漂亮，人緣好。

時柱有花：在工作職場上人緣佳，子息人緣不錯。

月柱和日柱同時有花：喜歡魚水之歡，異性緣超好雖非所願，但請注意原則和道德觀。

四柱有花：過與不及並非好事，有時會因太多桃花招來是非，或不得人緣，亦或墜入風塵，這樣反而會擔誤終身大事，注意身體健康並小心謹慎理財。

子午桃花衝：命盤有子午衝者，人緣極好，異性緣佳。子與午，分別為子夜和烈日午後，南轅北轍之故，因此脾氣不好情緒不穩，腦神經易衰弱，睡眠品質不佳。

卯酉桃花衝：命盤有卯酉衝之人有精神潔癖，敏銳或龜毛，人緣好，異性緣不錯，但易受負面磁場能量干擾，禮佛拜拜最好到香火鼎盛的廟宇，避免進陰廟以防衝煞。

（子午衝）

時	日	月	年
★	★	★	★
午	子	★	★

命盤有子午衝者，人緣極好，異性緣佳，桃花衝，經不起刺激而生氣，因此情緒不穩容易抓狂，有感情困擾，腦神經容易衰弱或個性極端，睡眠品質不佳。

(卯酉衝)

年	月	日	時
★	★	★	★
★	卯	酉	★

命盤有卯酉衝之人有潔癖，第六感很強，東西愛移來移去，敏銳的直覺力，人緣好，異性緣佳。桃花衝，但易受負面磁場能量之干擾，禮佛拜拜最好到香火鼎盛的廟宇，以免衝煞。

逆轉勝小秘方★

關於人緣的小叮嚀

1、慈悲善良是基本配備。
2、微笑是最好的語言。
3、整齊清潔的儀容是禮貌。
4、廣結善緣，助人為快樂之本。
5、正向思考，吸引正面的人、事、物。
6、尊重他人，自重者人恆重之。
7、心存感激，感恩的心不嫌多。
8、開朗打招呼，笑容過生活。
9、不吝嗇讚美，多一點體諒。
10、大度寬容，有容乃大。

關於愛情，寫給女人的小叮嚀

1、男人是視覺型動物，看正妹辣妹都是下意識本能，與愛不愛自己的女人並無多大關連。

2、男人怕女人的眼淚，但太頻繁的哭泣不過是讓男人厭煩和挫敗，慢性扼殺他對妳的感情。

3、男人的第二生命是面子，在外給足男人面子，男人會更愛妳，修理整治或嚴加管教，私下進行永遠不嫌遲。

4、男人具有貪鮮、劈腿和追逐獵物的習性，女人若能整理好男人的情緒並投其所好，男人的不良習性會日益減少；倘若惡性不改，女人就得反思自己，是否所愛非人，下一個男人會更好。

5、男人喜歡女人的鼓勵，而不是女人的打擊和反嗆，女人企圖改造男人的結果，往往是一敗塗地，因為慧黠的女人明白改變男人的唯一途徑，就是男人願意改變他自己。

6、男人喜歡有點黏又不太黏的女人，寸步不離、追根究底、勤查手機及網路訊息的女柯南，男人敬謝不敏。

7、男人心中住著一個長不大的小男孩，需要包容性大的女人，或者是長得漂亮又兼具保母奶媽特質的女人，在生活中慢慢的陪他成長。

8、男人即使燈枯油盡或到了行將就木之齡，還是會偷瞄美女正妹，除非妳的男人只剩呼吸心跳、完全沒知覺反應也快壽終正寢，否則對美女正妹的貪鮮感依然存在，因此忙碌工作和辛勤操持家務的女人，千萬別當懶女人，忘了打扮自己。

9、男人天性愛自由，愛情只是人生元件之一，所以別寸步不離，留點空間讓男人和哥兒們鬼混發洩情緒，他會每天多愛妳一點點。

10、男人喜歡善解人意或大智若愚的女人，太精明能幹、不停碎碎唸的女人，只會讓男人想脫離掌控，或者千方百計找逃生出口，到外面呼吸新鮮空氣。

11、男人大部分都有正面和陽光的因子，生活及工作上的挫折難免會帶來低潮，女人若無法安慰他，至少可以做個加油打氣的傾聽者，男人必定會更愛妳。

12、男人血液中有著狩獵基因，喜歡追逐獵物，送上門的可口獵物，大部分採取不嚐白不嚐的態度。因此，女人即便愛慘男人，千萬別主動將自己悉數奉送，女追男雖隔層紗，手段和技巧務必巧妙得當，男人才會視妳為珍寶，因為男人選擇的終身伴侶，並非主動獻身的女人，而是那個可以供他取暖、有度量又可相處得舒服自在的女人。

關於愛情，寫給男人的小叮嚀

1、女人是感覺型的動物，不管是小女人或女強人，甜言蜜語和羅曼蒂克，是她們戀愛時的主打歌。

2、女人心底住著一位小女孩，長大了是漂亮公主，結婚了是女王，喜歡撒嬌和掌控，一點也不足為奇。

3、女人談起戀愛多數比男人投入，愛情和婚姻是女人的人生主題，酷愛自由的男人，最好晚一點再碰想婚的女人，免得進入了婚姻就急著找逃生口。

4、女人要裡子，男人要面子，重感覺的女人愛聽肉麻兮兮的愛情宣言，男人想維持幸福，那些莫名其妙的堅持，暫時先丟到旁邊去，反正說出口後就會一回生、兩回熟。

5、女人具有名偵探科南的基因，男人與其讓鑽牛角尖的女人臆測、爭吵不休，不如坦白從寬，讓女人知道你在想什麼、做什麼。

6、女人或許有名牌迷思，但真心想與男人天長地久的女人，不會把男人當提款機，那些用金錢攻勢就可收買的女人，男人是想玩玩，還是想天長地久？

7、女人大腦的溝通系統中，內含複雜且九彎十八拐的電子排線，男人不想溝通就舉起雙手投降，千萬別企圖只說重點，或者懶得溝通。

8、女人把偶像劇當愛情加油站，女人並非無知或腦殘，只不過是想在戲劇中得到羅曼蒂克的滋養，男人何需不耐煩？

9、女人和男人有了親密的肉體關係，大多數的女人會將她的男人視為永遠，不想被套牢的男人，最好先了解女人真正的想法，否則就保持簡單的朋友關係，永保安康。

10、女人最在乎的是男人永遠不懂她的心，不知道她在想什麼，讓男人揣測了半天，還不知自己得罪女人什麼事情；與其如此，男人不如練就體貼窩心，深得女人心。

11、女人為了男人，大部分容易為愛而性，但對於男人有時愛不愛沒多大關係，性不性才有關係，不過身為善良的男人，在愛和性進行之間，是否該挺起大男人的肩膀來保護女人，杜絕愉快上車後，還要再擔心補票的困擾？

12、女人再如何的大度，也無法忍受男人的不忠實，儘管男人在感情和物質生活上盡力彌補，新歡舊愛的心中仍然有痛楚的傷口，擺不平的男人在劈腿前請三思而後行。

關於愛情，寫給男人、女人的小叮嚀

1、如果愛情和親密關係必須偷偷摸摸進行，不能甜甜蜜蜜攜手在陽光下，或公開在親人朋友面前，那麼當初就該考慮是否要涉入這段感情，摧毀目前的幸福。

2、蘇格拉底曾說過：好的婚姻僅給您帶來幸福，不好的婚姻可使您成為一位哲學家！

八卦相傳是伏羲所造

八卦源於中國

第十勝

流年運勢

運勢好壞是每人所關心，前幾章節已講述十神生剋和六親關係，以及身強身弱格局運勢，而不免俗的，就以 102-104 年為範例來論述流年運勢。

假設日主天干為庚金，民國 102 年歲次是癸巳，庚對癸的十神生剋是傷官，所以日主天干為庚金者，102 年流年運勢為傷官；而民國 103 年歲次是甲午，庚對甲的十神生剋是偏才，因此日主為庚者，103 年走的是偏才運勢；104 年歲次是乙未，日主庚金之人 104 年走的是正財運勢。（推論流年運勢，可參照十神對照表）

時	日	月	年
★	庚	★	★
★	★	★	★

假設日主為庚金，102年歲次癸巳，日主庚金者，流年走的是傷官運勢。

時	日	月	年
★	庚	★	★
★	★	★	★

假設日主為庚金，103年歲次甲午，日主庚金者，流年走的是偏才運勢。

時	日	月	年
★	庚	★	★
★	★	★	★

假設日主為庚金，104年歲次乙未，日主庚金者，流年走的是正財運勢。

以102、103、104年為範例，日主十天干走的流年運勢分別如下：

〈102年歲次癸巳流年運勢〉

日干	年干	運勢
甲	癸	正印
乙	癸	偏印
丙	癸	正官
丁	癸	偏官
戊	癸	正財
己	癸	偏才
庚	癸	傷官
辛	癸	食神
壬	癸	劫財
癸	癸	比肩

〈103年歲次甲午流年運勢〉

日干	年干	運勢
甲	甲	比肩
乙	甲	劫財
丙	甲	偏印
丁	甲	正印
戊	甲	偏官
己	甲	正官
庚	甲	偏才
辛	甲	正財
壬	甲	食神
癸	甲	傷官

〈104年歲次乙未流年運勢〉

日干	年干	運勢
甲	乙	劫財
乙	乙	比肩
丙	乙	正印
丁	乙	偏印
戊	乙	正官
己	乙	偏官
庚	乙	正財
辛	乙	偏才
壬	乙	傷官
癸	乙	食神

流年走比肩運勢

命帶比肩者原就獨立自主，獨斷獨行。走比肩運時，往往會有人邀約合作，想要爭取的人、事、物會出現競爭對手。但請勿輕易與人作保合夥，錢財也盡量不借人週轉，免得有去無回。走比肩運，心情悶悶不樂是很正常，所以很喜歡與朋友聚會玩樂，特別在乎朋友和手足的感受，朋友和手足的請求往往因心軟而答應，因此錢財和別人共享的機會很大。走比肩，若有心儀的異性出現，對方往往也是別人想追求的對象，所以失戀的機會相當大。

身強走比肩，自我中心，我執重，是非口角多，但判斷和抉擇未必是對的，小心謹慎理財及投資規劃，以免大意失荊州。

身弱走比肩，比較勞碌，我行我素，即便在外熱熱鬧鬧交際應酬，內心仍覺得孤獨；理財注意，不要跟會，不要合夥。

流年走劫財運勢

命帶劫財者，重視朋友，在外表現和真正自己迥然不同，內心想法獨樹一幟。走劫財運時，不要輕易和人合夥、投資、跟會，錢財不要借給別人。心情鬱悶，做事憑著衝動和直覺，很久不見的老朋友再聚首的機會大，喜歡熱鬧，不愛獨處時心中那份孤獨。走劫財運勢，兄弟姊妹和朋友間易有是非口角，戀情也容易告吹，也請謹慎小心理財，免得意外因素流失錢財。

身強走劫財，錢財總覺得不夠花用，是非口角爭執多，盡量不要和人合夥，免得財失人也不和。

身弱走劫財，交遊廣闊公關能力不錯，可運用藉助人脈關係做事，若有合作事業請小心謹慎，請注意身體健康和養生之道。

流年走食神運勢

命帶食神者，有食祿，心思細膩才華洋溢。走食神運勢，享用美食機會多，身材容易發福走樣。倘若能靜下心，便會做自己喜愛的工作或鑽研想要的事務。女命走食神運若想懷孕生小寶寶，可以加點油，成功機率大，但命盤中有偏印時，要提防小產現象。走食神運，若逢命盤有偏印或逢偏印者，才華光芒被人掩蓋，甚至有被陷害跡象，請小心謹慎，並以行善積德、廣結善緣來化解此現象。

身強走食神，喜歡美食小心發福，一切慢慢轉好，反應機靈，受人稱讚。

身弱走食神，做事不帶勁，小心口角是非，注意身體健康，加強毅力。

流年走傷官運勢

命帶傷官者，博學多聞，凡事用情太深，容易情緒化，內心創傷無人知曉。走傷官運勢，鋒芒畢露才華洋溢，學習能力好思緒佳，不要強出頭，免得成為標靶，經不起別人刺激時，會拼盡全力表現，但小心拼過了頭，受傷的是自己。男命走傷官，注重奇蒙子，情緒化脾氣不好。女命走傷官，喜歡掌控男友或丈夫，總覺得自己的能力比對方好太多，愛挑剔，愛做又愛碎碎唸。傷官剋官，女命走傷官，用心經營感情及婚姻，注意婚變或和情人鬧分手。

身強走傷官，完美主義，風頭出盡，易有紛爭口角，在意別人的想法，愛聽好話也超沒耐性，容易有更換職場跑道想法。

身弱走傷官，注意感情波瀾、血光或意外發生，行事作風偏激任性但外人不易察覺，注意身體健康，凡事小心為上，小心理財。

流年走偏財運勢

命帶偏財者，心性圓滑不愛和人計較，性格豪邁，風流多情。走偏財運時，要多注意父親身體健康，喜歡玩樂，不注重錢財，喜歡賺大錢易投入股票期貨、風險性高的理財投資，容易財來財去。走偏財運勢，不把小錢當錢看，認為穩定的工作收入不可能致富，切記積少也能成多，花錢誰都會花，存得了錢才是師傅。感情不專，戀情或婚姻易產生風波。

身強走偏財，豪邁慷慨大方，交際手腕好，愛請客搶買單付帳。男命桃花多，出軌機率大，泰半是年輕貌美女性。

身弱走偏財，錢財壓力大，開銷花費大，酒色財氣盡量避免。

流年走正財運勢

命帶正財者，安穩保守心性，愛賺錢容易聚財是天性使然。走正財運勢，愛熱鬧愛賺錢，喜歡穩定工作和固定收入，好溝通，有異性緣。男命未婚走正財運，若有心心相印的對象，結婚機率大。

身強走正財，賺錢機會多，專注工作，樂在工作。

身弱走正財，荷包看得很緊，行事作風小家子氣，工作上有所表現。

流年走偏官（七殺）運勢

命帶偏官者，剛毅果斷，倔強不服輸，異性緣佳。走偏官運勢，受委屈易記恨，敢愛敢恨。壓力大煩惱多，提防官非意外血光之災，常想換工作，不滿現狀。女命走七殺，相愛容易相處難，感情易起波瀾，異性緣奇佳，謹防外面男人介入感情世界，或有血光之災。

身強走偏官，工作事業有佳績，且有領導管理能力。

身弱走偏官，愛面子且暗暗記恨，小心是非口角發生，恐有換工作之虞或破財意外。

流年走正官運勢

命帶正官者，品行端正，不論男女極愛面子。走正官運勢，愛面子、愛聽好話，希望別人讚美他，所以面對正官之人只能說七、八分話，不能太直接對他說話，要拐彎抹角或者私底下說真話。女命走正官，若未婚且有交往對象，結婚機率大。女命走正官運，很在乎丈夫或男友，關心程度非常強。

身強走正官，廣結善緣，人緣佳，福報好。

身弱走正官，感情較脆弱，覺得生活各方面壓力大，有口角是非，優柔寡斷。

流年走偏印（P）運勢

命帶偏印者，聰穎慧黠，反應一流，見解思想獨樹一幟。走偏印運勢，敏銳機靈，反應快，心性不定，即便不贊成別人想法，也不輕易表現出來，叛逆性強。走偏印時，命盤有食神，容易犯小人或是被扯後腿。請注意身體健康，懷孕者更要小心安胎。

身強走偏印，花費開銷大，做事特立獨行，思想較容易負面消極。

身弱走偏印，獨立自主，有貴人，內心容易患得患失，想法卻是獨樹一格。

流年走正印運勢

命帶正印者，溫文儒雅，上進有學問，貴人提攜，福報好。走正印運勢，主觀意識強，行事作風厚實，要多注意母親身體健康，貴人多，好溝通，有佛緣，喜歡清靜，也容易參與宗教活動。走正印時，命盤中又有正印，反而顯得慵懶、依賴、任性。

身強走正印，身強印多會有很多壓力，煩惱也多。

身弱走正印，貴人多，接近宗教界和學術界的機會多。

流年歲次與地支譜出的命運交響曲

「盛衰之理，雖曰天命，豈非人事哉！」北宋儒學家歐陽修曾在新五代史伶官傳論中寫下這一句經典之言。

盛衰各有時，月有陰晴圓缺，人的運勢好壞禍福吉凶，雖說是生辰八字和天命決定，倒不如說是人為因素產生的引力和因果迭宕而生，譜出一首命運交響曲，恰如其分印證了天干地支的相生相剋，也演繹出人生的美麗與哀愁。

以民國 102 年為例，102 年歲次是癸巳，命主月支為申，流年對命主牽動產生的引力為六合中的巳申合，因此命主在 102 年時，內心會有些悶悶不樂，甚至不曉得自己在煩悶什麼，對很多事情不帶勁，想了一堆計畫，也可能一件事也沒達成。

時	日	月	年
★	★	★	★
子	午	申	戌

流年癸巳，月支為申，即產生了自認聰明的巳申合的引力。

再以民國 103 年當範例，103 年歲次為甲午，命主時支為未，流年對命主產生了六合中午未合的引力，因此命主在 103 年時，可能會將專注力放在家庭關係上，對於工作事業即便想有作為，但就是沒動力或有莫名的窒礙難行，脾氣也不太好。

時	日	月	年
★	★	★	★
未	卯	戌	巳

流年甲午，時支為未，即產生了我執過多及太重原則的午未合引力。

流年對四柱地支之合，所牽動產生的引力如下：

年支被流年地支所合：年柱為根，所以可能因為祖先、長輩、父母親、上司相關之事而力不從心，就算有實力也無法發揮出來。

月支被流年地支所合：月柱為苗，所以內心會悶悶不樂，甚至不曉得自己在煩惱什麼，對很多事情沒衝勁，很多計畫但趕不上變化，或者自己空想了一堆計畫，毫無達成率。

日支被流年地支所合：日柱為花，所以會為了配偶、情人、事業的緣故，許多事情被耽擱，或被其他之因所束縛而無力施展，大多也是想想而已，不會有真正行動力。

時支被流年地支所合：時柱為果，所以會因家庭、事業、人際關係、子女、部屬員工等等，其中之一所產生的問題而煩憂，也因無法突破，所以顯得沒動力，計畫想法大過執行力。

命盤中之三合、六合對命盤所產生的引力，請參考前面章節所述，「合」與「會」在很多事務而言是好事、喜事，但太多的「合」和「會」不過是來綁手綁腳，有行動力和執行力才能創造佳績。

時	日	月	年
★	★	★	★
辰	亥	卯	子

流年癸巳，日主座下為亥，即產生了車關或口角是非的巳亥衝引力。

時	日	月	年
★	★	★	★
辰	亥	卯	子

流年甲午，年柱地支為子，即產生了脾氣火爆的子午衝引力。

流年對四柱地支之衝，所牽動產生的引力如下：

年支被流年地支所衝：年柱為根，所以可能因祖先、長輩、父母親、上司之事有意見相歧、不合，年柱為根，根被衝凡事多忍讓，也請注意自己和家中長輩的健康。

月支被流年地支所衝：月柱為苗，所以心中會因外來之事有新的想法，行動力和執行力增加，以往的作為可能是靜觀，反因月支所帶來的衝擊而主動出擊，或自動改變心性和作風，但也請注意凡事不可操之過急，調整躁動情緒，免得和人爭執。

日支被流年地支所衝：日柱為花，已婚或有情人者，可能因衝擊引動口角爭執鬧離婚或分手。沒伴侶者，容易因衝而有桃花出現。工作與創業可能因衝而有變動。

時支被流年地支所衝：時柱為果，所以會因家庭、事業、人際關係、子女、部屬員工等之故，產生衝途的機率大，或者職務有所變動調整。

命盤中之六衝對命盤所產生的引力，請參考前面章節所述，也請注意身體健康和行車安全。

時	日	月	年
★	★	★	★
寅	丑	戌	未

流年癸巳，時支為寅，即產生了盡力卻被嫌棄的寅刑巳引力。

時	日	月	年
★	★	★	★
卯	丑	戌	午

流年甲午，年支為午，即產生了自己凌遲自己、事與願違的午午自刑引力。

流年對四柱地支之刑，所牽動產生的引力如下：

年支被流年地支所刑：年柱為根，可能莫名因祖先、長輩、父母親、上司之事而鬱悶，自己也找不出原因，或是找出了原因也無法解決。

月支被流年地支所刑：月柱為苗，容易因同事、朋友、手足緣故而悶悶不樂，或者自己也不知在煩悶什麼，凡事看不慣並有所挑剔，出言不遜得罪人。

日支被流年地支所刑：日柱為花，所以可能因配偶或情人的行為舉動都看不慣，覺得溝通不良乾脆無聲勝有聲，話不投機半句多。對職務和工作有不滿情緒，甚至認為和主管、老闆溝通，不過是浪費時間徒勞無功。

時支被流年地支所刑：時柱為果，所以會因家庭、事業、人際關係、子女、部屬員工之故，產生愛恨交加及恨鐵不成鋼的情緒。

命盤中之刑對命盤所產生的引力，請參考前面章節所述，凡有所刑，請轉換心念正向思考，一切海闊天空。

時	日	月	年
★	★	★	★
午	子	辰	**寅**

流年癸巳，年支為寅，即產生是非口角多的寅巳害引力。

時	日	月	年
★	★	★	★
卯	**丑**	辰	申

流年甲午，日支為丑，即產生了沒耐性的丑午害引力。

流年對四柱地支之害，所牽動產生的引力如下：

年支被流年地支所害：年柱為根，可能因祖先、長輩、父母親、上司之事擔心煩惱。

也請注意家中長輩、父母和自己的健康。根有所害，工作也可能有所變化。

月支被流年地支所害：月柱為苗，容易因許多外來之事的臨時變故心情不好，或者為了幫助同事、手足、朋友，反而自己成了啞巴吃黃連，有苦說不出。

日支被流年地支所害：日柱為花，已婚和有戀人者，容易因配偶或情人的行為產生煩悶情緒，細故爭執鬧了半天，而想離婚或分手。因耐性差或抗壓力低，工作可能有所變化。

時支被流年地支所害：時柱為果，所以會因家庭、事業、人際關係、子女、員工之故，產生負面情緒，或是要出面收拾善後。請多注意自己的健康和家庭、工作引發的變動波折。

命盤中之六害對命盤所產生的引力，請參考前面章節所述，命盤有六害者，請轉換心念正向思考，無助時請找親朋好友協助幫忙，因為世間事不過是算了、忘了、會過去的！

流年運勢推論，屬於大數法則，命主的吉凶禍福和興衰榮辱，還是要依據個人命盤仔細推論才精準。

但不管您面臨的是何種引力狀況，只要能敞開心房，別將自己囚禁在挫折、心事、懊悔、頹喪、失志、孤單、自卑、憂慮中，自己折磨自己，將自己打入無形牢籠中，面對人生迎來的各種關卡，一樣可以笑逐顏開，關關來關關過！

因為世間事，不過是算了、忘了、會過去的呀！

思想行為是福報因果的衛星導航

有人說八字命盤中，主星具有正財、正官、正印，福、祿、壽俱全，人生會很順遂非常有福報，這個說法沒有錯，但也不是全然如此。人沒十全十美，主星非常漂亮，不代表一生就沒有起浮波浪，因為天干和主星是代表明顯的、動態的、在外的表現；地支和藏干副星代表的是內在的、靜態的、內心真正想法和作為。

主星和天干：外在表現、明顯的、動態的

年	印	壬	★
月	財	戊	★
日	日主	乙	★
時	官	庚	★

〈地支和副星：真正想法和作為、內在的、靜態的〉

時	日	月	年
★	日主	★	★
★	★	★	★
午	辰	子	申
官印食	食殺才	傷財P	才食

任何人都想命好心好，富貴直到老，卻也忘了平日要修心修命，遇到挫折困頓阻礙時，千萬不可落入天干地支或流年衝擊帶來的負面引力，再次迭宕起浮，因為思想的行為模式是福報因果的衛星導航！

以下這篇俞淨意公遇灶神記，相信很多人都看過、聽過，而這個故事最主要是告誡世人想要命好心好，富貴直到老，修心修命是不可缺的重要元素，福報因果其實是自己造！

據說，明朝博學多聞的俞都先生，以授課教學為生，並開辦文昌社向世人勸善，廣積福德。

貧苦潦倒的俞都兒子多數早夭，僅存天資聰穎的三子也在八歲時走失，家中只剩一個女兒，陪著他和傷心過度而失明的妻子過活。

忿恨的俞都認為蒼天不仁，每逢寒冬歲末，便寫了疏文，祈求灶王爺將他的悲慟上達天聽，以表心中不滿和怨恨。

多年過去，怨懟的俞都依然貧困，但在某年的除夕夜，有位身穿長袍、鬢髮半白的老者夜訪俞都，俞都看得出老者來歷不凡，因此對他禮遇有加。

俞都並未看走眼，這位老者就是灶王爺，灶王爺告訴俞都，多年來對他心意不正之為瞭若指掌，加上他怨聲載道又對老天不敬，若繼續怨懟，恐怕將來際遇比現在還慘。

聽聞，俞都心中不平，也不忘替自己平反一番，灶王爺笑言告之俞都這些年的行善不過是沽名釣譽，其實真正一點慈悲心也沒有，平日教學與人相處，常存嘲弄輕鄙之念，見了漂亮女眾，心中也暗起邪念。

俞都不為人知的內心世界，被灶王爺窺探，驚嚇的他臉色慘白，連忙請示謝罪，請求改過自新的機會，慈祥的灶王爺告之改造命運，要從內心改起，掃除內心不好的意念，保持一顆純淨之心，擁有勇猛的精進心，去除壞毛病和不良習氣，才能改造命運。

聽君一席話，勝讀十年書。

為了改造命運，俞都將名字改成「淨意」，提醒自己時時有純淨的意念和初發心，並以磐石不轉移的毅力痛改前非。

多年後，俞淨意果真改變了命運，謙虛的他總以慈悲和歡喜心去行善積德，並勸人守謙向上，告之有因果報應之說。多年後，俞淨意被相國張江陵聘請為師，且考取進士，中了進士的他被主考官點召，並到主考官家中作客。

蒙天垂憐，俞淨意失散的三子，竟被主考官收為義子，當失明的俞夫人聽聞尋見失散的孩兒，母子相擁而泣，俞夫人激動得流下血淚，孝順的俞公子心疼地舔舐母親的淚水，失明多年的俞夫人也因激動流淚，意外打通眼睛筋脈，視力恢復正常。

一連串意外的驚喜，讓俞淨意更發心行善，於是辭官回故里，服務鄉里熱心公益，失而復得的三子長大後也承繼書香，俞淨意先生並寫下遇灶神記，勉勵訓誡子孫改過行善，直到八十八歲壽元已盡才歸天。

「心命歌」中有言：心好命又好，富貴直到老。命好心不好，福變為禍兆。心好命不好，禍轉為福報。心命不俱好，遭殃且貧夭。

思想的行為模式，真的是福報因果的衛星導航！

〈102年歲次癸巳流年運勢〉

日干	年干	運勢
甲	癸	正印
乙	癸	偏印
丙	癸	正官
丁	癸	偏官
戊	癸	正財
己	癸	偏才
庚	癸	傷官
辛	癸	食神
壬	癸	劫財
癸	癸	比肩

〈103年歲次甲午流年運勢〉

日干	年干	運勢
甲	甲	比肩
乙	甲	劫財
丙	甲	偏印
丁	甲	正印
戊	甲	偏官
己	甲	正官
庚	甲	偏才
辛	甲	正財
壬	甲	食神
癸	甲	傷官

〈104年歲次乙未流年運勢〉

日干	年干	運勢
甲	乙	劫財
乙	乙	比肩
丙	乙	正印
丁	乙	偏印
戊	乙	正官
己	乙	偏官
庚	乙	正財
辛	乙	偏才
壬	乙	傷官
癸	乙	食神

〈105年歲次丙申流年運勢〉

日干	年干	運勢
甲	丙	食神
乙	丙	傷官
丙	丙	比肩
丁	丙	劫財
戊	丙	偏印
己	丙	正印
庚	丙	偏官
辛	丙	正官
壬	丙	偏才
癸	丙	正財

〈106年歲次丁酉流年運勢〉

日干	年干	運勢
甲	丁	傷官
乙	丁	食神
丙	丁	劫財
丁	丁	比肩
戊	丁	正印
己	丁	偏印
庚	丁	正官
辛	丁	偏官
壬	丁	正財
癸	丁	偏才

〈107年歲次戊戌流年運勢〉

日干	年干	運勢
甲	戊	偏才
乙	戊	正財
丙	戊	食神
丁	戊	傷官
戊	戊	比肩
己	戊	劫財
庚	戊	偏印
辛	戊	正印
壬	戊	偏官
癸	戊	正官

〈108年歲己亥流年運勢〉

日干	年干	運勢
甲	己	正財
乙	己	偏才
丙	己	傷官
丁	己	食神
戊	己	劫財
己	己	比肩
庚	己	正印
辛	己	偏印
壬	己	正官
癸	己	偏官

逆轉勝小秘方★

「手把青秧插滿田，低頭便見水中天；六根清淨方為道，退步原來是向前！」這句禪意至深的偈語，是唐朝布袋和尚所創作。

據說，唐朝布袋和尚是大慈大愛的彌勒佛轉世，但不管真實性為何，歡喜開心的彌勒佛和布袋和尚，教導人們大智若愚，聰明的以慈愛和智慧來化解世間的紛紛擾擾，告知人們以赤子情懷來面對人生轉折，溫暖寬容的一笑解千愁，做一個豁達且心境開闊的人。

昨日種種譬如昨日死，今日種種譬如今日生。

運勢不好，時運不濟，只是一時，千萬別將厄運全歸咎命運不好，因為命運自有老天的巧妙安排，事件帶來的衝擊背後都有其正面意義，只要心念轉，心田跟著轉，心中那畝田，可以用歡喜和精進心來種植夢想，培育出理想的漂亮果實！

旗開得勝

心歡喜

人的一生中，若遇到樂意提攜自己的伯樂，那麼人生際遇就自然比別人如意順遂。但人與人之間相處，不管生肖合或命盤合，難免會遇到各項事物的磨擦而產生衝突爭執，但這又何妨？

只要廣結善緣將心量放大，跟對人、做對事、會做人，人生順順利利，歡歡喜喜自然上心頭！

〈以生肖的會合局來論斷貴人〉

三合貴人之生肖（共四組）

猴、鼠、龍。

蛇、雞、牛。

虎、馬、狗。

豬、兔、羊。

六合貴人之生肖（共六組）

鼠、牛。

虎、豬。

兔、狗。

龍、雞。

蛇、猴。

馬、羊。

三會貴人之生肖（共四組）

豬、鼠、牛。

虎、兔、龍。

蛇、馬、羊。

猴、雞、狗。

旺旺來

八字命盤中，想要明白此生貴人在何方，可用最簡單的方式來論斷，假設某人是民國73年次出生，年柱歲次為甲子，天干甲年出生者貴人運即在東北方或西南方。又假設某人出生於民國54年次，年柱歲次為乙巳，天干乙年出生者貴人運即在北方或西南方。

〈以出生年次天干論斷貴人運在何方〉

甲戊庚牛羊，乙己鼠猴鄉，丙丁豬雞位，六辛逢馬虎，壬癸兔蛇藏。

甲、戊、庚年出生者：貴人運在東北方、西南方。

乙、己年出生者：貴人運在北方、西南方。

丙、丁年出生者：貴人運在西北方、西方。

辛年出生者：貴人運在南方、東北方。

壬、癸年出生者：貴人運在東方、東南方。

命盤中寅、卯、辰月戊寅日生者，巳、午、未月甲午日生者，申、酉、戌月戊申日生者，亥、子、丑月甲子日生者，即是「淵海子平」中八字神煞命帶天赦貴人。命帶天赦，凡事解災解禍，逢凶化吉，有貴人幫助。

天赦

出生月份	命主日柱
寅卯辰	戊寅日
巳午未	甲午日
申酉戌	戊申日
亥子丑	甲子日

命帶日德者，命主日柱為甲寅日、丙辰日、戊辰日、庚辰日、壬戌日生者。命中帶日貴者，命主日柱為丁酉日、丁亥日、癸卯日、癸巳日生者。日德及日貴者，心地善良慈悲，遇事逢凶化吉，貴人襄助扶持，福澤豐厚，好福報。

日德／日貴

日德	命主日柱	甲寅、丙辰、戊辰、庚辰、壬戌
日貴	命主日柱	丁酉、丁亥、癸卯、癸巳

天干主星任何一柱帶有正印，心性慈悲柔軟，易與宗教結緣，常得貴人提攜。

天干主星有正印

年	月	日	時
食	財	日主	印
★	★	★	★
★	★	★	★

命主帶有天赦貴人、日德、日貴或帶有正印者，即表示命主心地善良，遇事能逢凶化吉，並有貴人提攜襄助，若能好好經營自己的人生，穩健守成廣結善緣，那麼人生際遇必定吉祥如意；反之，若恃才傲物放縱人生，則驕者必敗。

八字命盤中，假設月支為寅，年、日、時的干支為丁者；或月支為午，年、日、時干支為亥者為天德貴人。而命主帶有天德貴人者，大吉，心性善良福報好，樂於救困扶危，與諸佛菩薩有緣且得護佑，遇事逢凶化吉，並有貴人提攜幫助。

天德貴人

命主月支	年日時干支
寅	丁
卯	申
辰	壬
巳	辛
午	亥
未	甲
申	癸
酉	寅
戌	丙
亥	乙
子	巳
丑	庚

八字命盤中，假設月支為卯，年、日、時干為甲者；或月支為酉，年、日、時干為庚者；即八字神煞中的月德貴人。而命主帶有月德貴人者，心地柔軟外緣佳，福報好，大吉大利，貴人多且樂意出手相助，遇事化險為夷。

月德貴人

命主月支	年日時干
寅	丙
卯	甲
辰	壬
巳	庚
午	丙
未	甲
申	壬
酉	庚
戌	丙
亥	甲
子	壬
丑	庚

八字命盤中，假設命主日干為甲，四柱地支其中有丑或未者；命主日干為辛，四柱地支其中有午或寅者，即是命帶天乙貴人。命帶天乙貴人者，出入近貴，心地善良，聰穎智慧反應敏捷，人緣極佳交遊廣闊，容易有貴人襄助，一切逢凶化吉。

天乙貴人

命主日干	四柱地支
甲	丑未
乙	子申
丙	亥酉
丁	亥酉
戊	丑未
己	子申
庚	丑未
辛	午寅
壬	卯巳
癸	卯巳

天干主星帶有正財或正官或正印者；或天干主星帶有食神者；基本上心性良善，福澤深厚，樂善好施，人緣好氣質佳，貴人多朋友也多，自然遇事呈祥。

天干主星有正財、正官、正印

年	月	日	時
官	財	日主	印
★	★	★	★
★	★	★	★

天干主星有食神

年	月	日	時
食	比	日主	才
★	★	★	★
★	★	★	★

八字命盤中，假設命主日支為寅或午或戌，四柱地支其中為午者；或命主日支為申或子或辰，四柱地支其中為子者；稱之為將星。命帶將星者，勢必具有魄力的領導格局；將星宜文宜武，掌權貴或任官職，容易在工作事業體系執掌全局，嶄露頭角大放異彩。

將星

命主日支	寅午戌	申子辰	亥卯未	巳酉丑
四柱地支	午	子	卯	酉

八字命盤中，假設命主日支為亥或卯或未，四柱地支其中為巳者；或命主日支為巳或酉或丑，四柱地支其中為亥者；稱之為驛馬。命帶驛馬者，遠行機會屢見不鮮，也

容易忙碌，即便不忙碌奔波，尚未找到人生方向時，跳槽或常換工作也不足為奇。一旦下定決心，穩定心緒，適合到外地發展的驛馬者，工作能力不可小覷，爆發力和衝勁十足。

驛馬

命主日支	四柱地支
寅午戌	申
申子辰	寅
亥卯未	巳
巳酉丑	亥

以天干主星或日柱藏干副星選擇的工作行業，參考如下：

比肩：愛好自由，獨立自主的比肩適合從事服務業和自由業，比肩頗愛與人合夥做生意，但要防財務與人分享，並記得避免為人擔保背書，以免招來官非。

劫財：個性堅強的劫財，喜愛走團隊精神，劫財者適合招攬生意，保險及傳銷事業是不錯的選擇，應變能力佳交遊廣闊的劫財，也適合生意競爭激烈的進出口貿易工作，但請記得避免為人擔保背書，避免不必要的麻煩。

食神：才華洋溢溫文儒雅，親和力不凡的食神，適合以發揮自身才藝的工作，藝術、餐飲、音樂、文創、演藝行業都是不錯之選，也可投入於服務業。

傷官：才氣縱橫足智多謀，口才伶俐領悟力高的傷官，適合藝術或文創、演藝、影視歌舞行業，本身有才藝者可自行成立工作室，或從事專業技術工作，比如律師等有專業技能的工作。

正財：腳踏實地行事保守，開源節流精打細算，不喜歡冒險犯難的正財，適合在金融、商業界妥妥當當的工作，不太愛與人競爭的特質，也令正財的工作大多屬於穩定的取向。

偏才：交際手腕好，作風豪邁慷慨的偏才因賺錢容易，有時會重義疏財，精力旺盛的偏才不愛穩定靜態的工作，適合做生意、業務、金融或股票基金期貨投資，雖然財來得快，但去得也快，請謹慎理財規劃，或者購置不動產、長期定存，守住財富。

正官：認真負責保守正直，有遠見又具有領導能力的正官，適合執掌工作事業體或擔任管理職，也易於在公職、司法、教職、政治或是公司體系管理直屬員工部下。

偏官：運籌帷幄判斷敏銳，衝勁十足具領導格的七殺，有著不服輸的個性，因此

容易從事軍職或武職，或在政治、醫界、商界、八大行業擔任指揮若定的要職。（偏官又稱七殺）

正印：內涵豐富善於妥協，思想寬容仁慈善良的正印，適合內勤、學術、教職、行政、顧問、宗教、文學、哲學、命理五術玄學工作。

偏印：反應靈敏慧黠，善於創造設計，精打細算，悟性極高的偏印，適合設計、幕僚、哲學、宗教、金融、占卜、醫界、命理五術玄學等工作。（偏印又稱Ｐ）

命主日干，甲祿在寅，乙祿在卯，丙戊祿在巳，丁己祿在午，庚祿在申，辛祿在酉，壬祿在亥，癸祿在子。

祿者，祿位、爵祿、食祿、福也、善也。命帶祿神，作風穩健大氣，財富順利。

祿神

命主日干	四柱地支
甲	寅
乙	卯
丙	巳
丁	午
戊	巳
己	午
庚	申
辛	酉
壬	亥
癸	子

「財為養命之源」。生活和生命需要財帛來滋養，命盤中的祿神雖會助蔭命主財源順順利利，但不管有無祿神來助蔭，努力認真工作，培養專業技能和社會競爭力，開源節流謹慎理財儲蓄，能聚財又守得住財，有效支配運用，財富才是真正屬於您！

另外，天干主星帶有食神或傷官者；天干主星帶有偏才或正財者；天干主星正官和正財皆俱，財官兩旺者；天干主星有偏才或正財，並帶天乙貴人或月德貴人者，易得貴人襄助而進財。

命盤中帶有這些特點者，當工作順利賺錢或投資獲利時，亦或是繼承家業或經商致富時，也請小心理財規劃，投資謹慎，以保一生安逸富足。

天干主星帶有食神或傷官，以才華賺錢

年	印	★	★
月	傷	★	★
日	日主	★	★
時	食	★	★

天干主星帶有偏才或正財，有財星

年	財	★	★
月	殺	★	★
日	日主	★	★
時	才	★	★

天干主星正官和正財皆俱，財官兩旺

年	月	日	時
財	印	日主	官
★	★	★	★
★	★	★	★

天干主星有偏才、正財，並帶天乙貴人或月德貴人，易得貴人襄助而進財。

年	月	日	時
★	財	日主	才
★	丙	乙	★
★	午	★	子

日干乙木，四柱地支其中為子，稱天乙貴人，其他天乙貴人資料請參照表格。

月支為午，年日時干為丙，稱月德貴人，其他月德貴人資料請參照表格。

甜蜜蜜

男命婚姻或桃花、異性緣，看正財和偏財；女命婚姻和桃花、異性緣，則看正官或七殺；男命、女命的桃花指數也可看地支的子午卯酉，但過與不及未必是好。

愛情與感情，攜手共度一段時光是緣份，這緣份可能是幾年，也可能是一輩子，緣份夠深且互相寬容，才能幸福相守一世。

若是緣份不夠深而分手，請您永遠記得，當初相愛的那份美好，為對方獻上深深的祝福。因為有些愛只註定幾年的緣份，有些緣份得到了也未必是好結果，因此善待當下的緣份，真正愛了就要好好愛對方，希望對方過得很好、很幸福。

命盤地支分別有子、午、卯、酉者，人緣及桃花指數旺；相對的，為人處世和人際關係融合。

時支有卯者，外緣佳桃花多，外貌也比實際年齡輕；時支酉者，外緣及桃花自然多，長袖善舞公關能力也不可小覷。但不管命主人緣或桃花有多旺，藉助這些外緣讓曖昧過了界，有時會反撲，毀了自己的幸福。

地支分別有子、午、卯、酉者，人緣好，桃花多。

年	月	日	時
★	★	日主	★
★	★	★	★
午	子	卯	酉

時支有卯者，外緣佳桃花多，樣貌比實際年齡輕。

年	月	日	時
★	★	日主	★
★	★	★	★
★	★	★	卯

時支有酉者，外緣佳桃花多，長袖善舞，公關能力一把罩。

年	月	日	時
★	★	日主	★
★	★	★	★
★	★	★	酉

命主為男性，天干主星見偏財者，豪邁慷慨女人緣好，風流多情也是戀愛高手，賭性堅強的因子存在天性中，但身為偏財的女友或另一半，卻趨之若鶩，偏才男性也請記得注意道德觀。

命主為男性，天干主星見偏才，豪邁慷慨，女人緣好，風流多情，戀愛高手。

年	月	日	時
★	★	日主	才
★	★	★	★
★	★	★	★

命主為女性，天干主星見偏官（七殺）者，敢愛敢恨，容貌不俗豔麗大方，異性緣極佳，職場上頗得異性助益，為了勇敢追愛，有時會脫軌演出，也請記得任性過了頭，真正幸福會溜走。

命主為女性，天干主星見七殺，敢愛敢恨，容貌不俗豔麗大方，異性緣極佳，職場上頗得異性助益。

年	★	★	★
月	殺	★	★
日	日主	★	★
時	★	★	★

命主為女性，天干主星見食神或正官或正財者，異性緣好外緣佳，遇到的另一半大部分是正人君子，得良緣的機率大。

命主為女性，天干主星見食神、正官、正財者，異性緣好外緣佳，很受異性疼愛，得良緣的機率大。

年	財	★	★
月	食	★	★
日	日主	★	★
時	官	★	★

命主為男性，天干主星見正財或正官或正印者，受到女性青睞機會也不少，但被這三款男人所愛，也許少了些許的羅曼蒂克，倒也算幸福的事，因為男命正財或正官或正印，若真愛了女人，男人負責任的肩膀就會出現，願意為真愛付出。

命主為男性，天干主星見正財、正官、正印者，獲得異性青睞機會多，願意為愛的人付出，有著負責任的男人肩膀。

年	月	日	時
財	印	日主	官
★	★	★	★
★	★	★	★

魁罡：日柱戊戌、庚辰、庚戌、壬辰為魁罡。

命主日柱為戊戌、庚辰、庚戌、壬辰者為真正魁罡，年柱、月柱、時柱有此四者之一也算魁罡，日柱為魁罡者，魁罡之風最為強烈，其他三柱次之。

命帶魁罡者，行事作風權威導向，領導格局聰明智慧，藝高膽大，固執性急，好勝心強，運勢波動較大，家庭婚姻、工作事業考驗多。魁罡者宜男不宜女。

魁罡（日柱）

天干	戊	庚	庚	壬
地支	戌	辰	戌	辰

華蓋為藝術宗教星，命帶華蓋者兄弟寡，六親無助益，思想獨樹一格，才華洋溢，

天資聰穎，性情孤僻，安然恬淡不利錢財，有音樂、藝術、文創能力，並具有命理五術、玄學、宗教、哲學的天分，與諸佛菩薩有緣，也時會有遠離紅塵俗世之心。

華蓋

命主日支	寅午戌	申子辰	亥卯未	巳酉丑
四柱地支	戌	辰	未	丑

命主月支對日支，假設月支為巳，日支為辰者即命帶天醫。

命帶天醫者，若有機緣習醫，成為濟世救人良醫的機會很大，天醫者心地善良柔軟，學習力極佳，做事效率明確快速，具有學習命理五術、哲學天分。

天醫

命主月支	寅	卯	辰	巳	午	未	申	酉	戌	亥	子	丑
命主日支	丑	寅	卯	辰	巳	午	未	申	酉	戌	亥	子

好優秀

每人，都是父母的兒女，也將是兒女的父母。為人父母者，無不望子成龍，望女成鳳，更盼望兒女有個好前程。

當可愛的小寶貝降臨到世上，每個小天使都是上天賜予父母的心肝寶貝，可愛的小寶貝就像純白無瑕的布匹，任由教育他們的父母、長輩渲染繽紛色彩，而孩子們的教育不全然是學校師長的責任，家庭教育才是影響孩子們未來最重要的一環。

現今社會，生活節奏緊張快速，但孩子們的成長只有一次，父母倘若可以花點時間關心孩子，享受和樂的親子關係，將是日後最美好的回憶。以下命盤優勢僅提供參考，因為身教還是重於言教！

命主日干假設為乙，四柱地支其中為午，即帶有文昌。命帶文昌者，聰明伶俐，反應快口條佳，文筆不錯，斯文俊雅，在乎內涵與樣貌，遇事可逢凶化吉，往來無白丁，近官利貴。

文昌

命主日干	甲	乙	丙	丁	戊	己	庚	辛	壬	癸
四柱地支	巳	午	申	酉	申	酉	亥	子	寅	卯

六秀日

命主日柱為丙午日、丁未日、戊子日、戊午日、己丑日、己未日生者為命帶六秀日。意指命主秀逸聰穎，求學時很會念書，思緒敏捷才華洋溢，致力於學業、工作事業，必定大有可為。

命主日干假設為戊，四柱地支其中為未，表帶有金輿。金輿為吉星，不論男女外貌儒雅柔和，性情溫和，聰明富貴，樂意襄助親友。命帶金輿的男女，大部分可得良緣匹配。

金輿

命主日干	甲	乙	丙	丁	戊	己	庚	辛	壬	癸
四柱地支	辰	巳	未	申	未	申	戌	亥	丑	寅

現今社會，無論男女皆怕入錯行、嫁錯郎或娶錯美嬌娘。

女人希望找個疼她、寵她、事事順她的好丈夫，男人何嘗不希望找個能旺他、助他、福蔭他的美嬌娘？

命盤中的日柱，日主天干代表「我」，地支也代表「配偶」，若想選擇對自己不錯的伴侶，也可藉由日干及日支的五行相生原理，來選擇另外一半。但也別忘了，姻緣大部分天註定，端看自己和對方的緣份深淺罷了。

也請您記得婚前謹慎選擇對象，任何命盤優勢僅提供參考，一旦決定相愛相守，就好好愛一場，愛您所選，選您所愛，執子之手，與子偕老。

假設，考慮交往的對象命盤日干為壬，地支為午，水剋火，命主壬水雖重情多情，對待另外一半的方式是海納百川的作風，但水能載舟也能覆舟，更何況午火之剛烈，因此對方和真命天子或真命天女談起戀愛或婚配後，必定常練口才，即便愛得濃烈，卻也水火不容天人交戰。

又假設，考慮交往的對象命盤日干為乙，地支為巳，木生火，命主和真命天子或真命天女談起戀愛或有了嫁娶，想必是為對方處處著想，真心付出的貼心伴侶。

其他考慮交往的對象命盤日柱以此類推，即可推知您想交往的對象，對於真命天子或真命天女的對待方式如何。

而五行相生之道為「木生火，火生土，土生金，金生水，水生木。」，而地支中的辰、戌、丑、未不管其根性皆列為「土」。

木生火：比如乙木生巳火，甲木生午火等。

火生土：比如丙火生辰土，丁火生未土等。

土生金：比如戊土生申金，己土生酉金等。

金生水：比如庚金生子水，辛金生亥水等。

水生木：比如壬水生寅木，癸水生卯木等。

（其他日干對日支生剋，以五行相生相剋類推。）

命主日柱干支為木生火

年	月	日	時
★	★	日主	★
★	★	木	★
★	★	火	★

命主日柱干支為火生土

時	日	月	年
★	日主	★	★
★	火	★	★
★	土	★	★

命主日柱干支為土生金

時	日	月	年
★	日主	★	★
★	土	★	★
★	金	★	★

命主日柱干支為金生水

時	日	月	年
★	日主	★	★
★	金	★	★
★	水	★	★

命主日柱干支為水生木

時	日	月	年
★	日主	★	★
★	水	★	★
★	木	★	★

命主四柱地支有辰、戌、丑、未四庫者較容易有不動產。年柱有庫者，得到長輩給予的不動產機會較大；月柱有庫者，對於財富和不動產源自於努力打拼機率頗大；日柱有庫者，擁有不動產及財富可能是自行創業，或是婚後配偶帶財，與配偶全力以赴；時柱有庫者，職場上的收入和理財投資獲利，促使自己努力想擁有不動產，或者想讓家人及子女過得更好，也是儲蓄置產的原動力。

而四柱無庫者也沒關係，因為多的是命盤四柱無庫者，照樣理財儲蓄一把罩，房子一間間的買；有庫者也有人到終老時，財富守不住或被瓜分掉。

總之，廣結善緣和氣生財，有庫無庫都不要緊，最重要的還是努力工作開源節流，理財儲蓄，讓自己和家人過得更幸福！

命主四柱地支有辰、戌、丑、未四庫者，較容易擁有不動產。

年	★	★	辰
月	★	★	戌
日	日主	★	丑
時	★	★	未

一樣米養百樣人，有人命好、心不好。有人心好，運不好。也有人運好，心卻不好。更有人命好、心好、運也好！總之，形形色色不同的人生劇本，全是老天爺給人們的種種考驗。

而命盤中，假設沒有以上介紹的命盤優勢都不打緊，因為那些不過是加分效果及參考值而已，論斷一個人的運勢需看命主八字全局，命運好壞轉折，端看個人智慧是否已開，及時知命、運命、掌運、轉運。

「富貴有宿因，禍福人自召。」

既然，您我在同一個天幕下，參與了各自高潮迭起的人生饗宴，何不心命兩持修，積善為福，慢慢轉變自己的命運，注入更多繽紛色彩，豐富自己的人生，讓人生更精湛？

逆轉勝小秘方★

流金般的歲月，浮浮沉沉的人生，每人難免會遭遇不如意及挫敗，但怨恨老天厚此薄彼或時運不濟，不過是讓自己墜落在更艱辛的困苦中。

因為，成功真的不是偶然！

成功的魅力特質就是對自己有信心，放掉患得患失的心，以及怨聲載道的思維，不管眼前遇到多大的困難挫折，一蹶不起絕不是該有的處世方法。

聰明的人會選擇堅強面對，自我勉勵永不退縮，汲取他人所長和智慧，在貴人樂意襄助時，願意拋掉自尊抓住機會，複製成功者的經驗為自己所用，不斷找出新方法和調整人生步伐，闖出人生嶄新的一頁！

在此，衷心盼望善緣福報俱足的您，在這本簡單又好學的八字學中，找到絲絲淡定和雋永，開心做自己，積善為福。

明白做人要簡單一點、思想正面一點、心念開朗一點、作風大器一點、行為豁達一點，不要常拿自己和別人做比較，明白「自己」才是自己生命中的最佳主角，因為美麗人生不是別人所給予，永遠是珍貴的您創造出來，也祝福善緣福報俱足的您，順順利利吉祥如意！

國家圖書館出版品預行編目資料

淡定學八字の讓您人生逆轉勝／安容著.
－－第一版－－臺北市：知青頻道出版；
紅螞蟻圖書發行，2013.8
面 ； 公分. ——（Easy Quick ；131）
ISBN 978-986-6030-74-1（平裝）

1.命書 2.生辰八字

293.12 102012926

Easy Quick 131

淡定學八字の讓您人生逆轉勝

作　　者／安 容
發 行 人／賴秀珍
總 編 輯／何南輝
校　　對／周英嬌、楊安妮、安容
美術構成／Chris' office
出　　版／知青頻道出版有限公司
發　　行／紅螞蟻圖書有限公司
地　　址／台北市內湖區舊宗路二段121巷19號（紅螞蟻資訊大樓）
網　　站／www.e-redant.com
郵撥帳號／1604621-1 紅螞蟻圖書有限公司
電　　話／(02)2795-3656（代表號）
傳　　真／(02)2795-4100
登 記 證／局版北市業字第796號
法律顧問／許晏賓律師
印 刷 廠／卡樂彩色製版印刷有限公司
出版日期／2013年8月 第一版第一刷

定價 300 元　港幣 100 元（平裝）

ISBN 978-986-6030-74-1（平裝）　Printed in Taiwan